AF576463

La Perse et les origines du soufisme

Jordi Quingles

La Perse et les origines du soufisme

Version revue, corrigée et traduite de l'espagnol par l'auteur

Collection Théôria

L'Harmattan

5-7, rue de l'École-Polytechnique ; 75005 Paris

http://www.editions-harmattan.fr

ISBN : 978-2-14-049369-0

EAN : 9782140493690

PREMIÈRE PARTIE :

LETTRE ET ESPRIT

I

ARABE ET ÉTRANGER

Il peut paraître surprenant de prime abord qu'un essai sur les origines du soufisme débute par une série de considérations d'ordre linguistique, mais leur pertinence et le lien décisif qu'elles ont avec les sujets que nous allons traiter dans cet ouvrage apparaîtront clairement bientôt, du moins nous l'espérons.

Ce qui va nous servir comme fil conducteur pour ces considérations liminaires, ce sont les observations particulièrement pénétrantes faites par Jean Canteins dans l'étude intitulée "Arabe et « Barbare »", qui constitue le quatrième chapitre de son ouvrage *La Voie des lettres : tradition cachée en Israël et en Islam*[1]. Jean Canteins offre dans ce texte une série de précisions du plus haut intérêt concernant le sens inattendu que l'on peut découvrir derrière les termes arabes *'arabî* (arabe) et *a'jamî* (étranger, qu'il traduit toujours par « barbare » conformément au sens historique de ce mot[2]), termes qui, en particulier, apparaissent comme opposés (ou plutôt comme complémentaires) dans le verset coranique 41 : 44 ; et ce sont ces

[1] Paris, Albin Michel, 1981. Cette étude fait suite dans le même ouvrage à un autre essai, étroitement lié à celui-ci, intitulé « Sigles et thématique coraniques », où nous puiserons aussi de très intéressantes observations.

[2] *Barbaros* (βάρβαρος), pl. *barbaroi* (βάρβαροι), qui désignait dans la Grèce ancienne tous les non-Hellènes.

observations que nous nous proposons de reprendre et de développer ici pour étendre davantage la portée de la conclusion fondamentale que Canteins en tire.

Le verset en question se lit comme suit : "*Et si Nous en avions fait un Coran en langue étrangère* (a'jamî), *ils auraient certainement dit : « Pourquoi n'a-t-on pas exposé clairement* (fuṣṣilat) *ses versets ? Étranger* (a'jamî) *et arabe* ('arabî)*? »*". Ce verset fait écho, en quelque sorte, au verset numéro 3 de la même sourate, qui dit : "(*C'est*) *un Livre dont les versets* (âyât) *sont clairement exposés* (fuṣṣilat), *un Coran arabe pour un peuple qui sait*".

Or, retenons surtout le terme *fuṣṣilat*, qui apparaît dans les deux versets et qui a été jugé suffisamment caractéristique de cette sourate pour qu'il lui donne son titre. Ce terme appartient à une racine (*fṣl*) reflétant fondamentalement l'idée d'analyse, d'exposé en détail, avec clarté, et, dans son usage coranique, il est pratiquement synonyme d'un autre terme par lequel le Coran se qualifie lui-même en différents endroits : *mubîn*, d'une racine dont dérive aussi le mot *al-bayân*, l'éloquence, l'expression claire et distincte[3].

Contentons-nous pour l'instant de ces allusions, qui seront précisées par la suite, et venons-en maintenant aux considérations formulées par Canteins dans l'ouvrage cité. Mais afin de ne pas trop alourdir cet exposé préliminaire, nous n'allons pas entrer ici dans le détail de son argumentation très

---

[3] C'est dans ce dernier sens, notamment, qu'il faut comprendre ce mot dans son occurrence dans Coran 55 : 4 : "*Il a enseigné* (à l'homme) *la parole claire* (al-bayân)", en traduction littérale, ou, en termes ordinaires, "*lui a appris à s'exprimer clairement*". Et nous pourrions ajouter ici le verset suivant : "*Nous n'avons envoyé aucun Messager qui ne parle pas la langue de son peuple, afin qu'il leur explique clairement* (li-yubayyina lahum)" (Coran 14 : 4), où apparaît une forme verbale de la même racine que *mubîn* et *bayân*.

serrée et, malgré son grand intérêt, nous nous bornerons à dégager en synthèse ce qui se rapporte plus directement à notre sujet.

En prenant comme référence ce qu'il a lui-même développé auparavant dans le chapitre « Sigles et thématique coraniques » susmentionné, dans le sens que le Coran comporte le double aspect d'ouverture et de fermeture, de compréhensibilité et d'incompréhensibilité, l'auteur examine les racines respectives des mots *a'jamî* et *'arabî* et fournit les éclaircissements suivants : le mot *a'jamî* vient de la racine *'jm*, dont le premier sens est « essayer », « éprouver », mais qui renferme, dans ses formes dérivées, le sens d'« être non arabe » et de le manifester dans sa langue ; et, sur ce plan de l'expression orale, elle comporte une nuance péjorative qui conduit à des acceptions comme « parler de façon inintelligible » ou « obscure », d'où « bafouiller », « balbutier » et même « se taire », connotations qui sont parallèles — souligne Canteins — à celles du mot grec *barbaros*. D'autre part, le mot *'arabî*, de la racine *'rb*, concerne, outre quelques sens accessoires, tout ce qui est arabe et couvre les notions contraires de celles de la racine précédente, l'arabe étant caractérisé par ses qualités d'éloquence et de clarté.

Or, le sens de ces deux antonymes peut être précisé davantage, comme l'indique Canteins, en interrogeant deux des racines obtenues par permutation de leurs trois lettres de base. Ainsi, la racine *jm'*, obtenue par le déplacement du *'ayn*, a le sens de « réunir », « rassembler », et ce sens supplémentaire, estime l'auteur, "nous conduit à ranger le mot *a'jamî* dans la série thématique : fermeture – union – incompréhension"[4]. De son côté, la racine *'rb*, obtenue par le déplacement du *râ*, a le sens d'« expliquer », « exprimer », et ce sens renforce celui

[4] *Op. cit.*, pp. 83-84.

du mot *'arabî*, qu'il rend synonyme d'« explicite » et d'« expressif » ; et cela, ajouté au fait que, comme nous l'avons vu, les versets coraniques ont été « clairement exposés » (*fuṣṣilat*) en un Coran arabe, et compte tenu des significations de la racine *fṣl* plus haut mentionnées, conduit l'auteur “à ranger le mot *'arabî* qui lui est solidaire dans la série thématique : ouverture – séparation – compréhension” (*id.*, p. 84). D'où il tire la conclusion que “ce qui est « barbare » s'identifie à la tendance *synthétique* et ce qui est « arabe » à la tendance *analytique*” (*ibid.*).

En partant de cette première conclusion de Canteins, il ne serait certainement pas illégitime de rapporter ces deux tendances, respectivement, à la « lettre » et à l'« esprit », c'est-à-dire, le sens littéral et le sens profond d'un texte, respectivement. En effet, la lettre sépare (*faṣala*, de la racine *fṣl* que nous avons en vue) parce qu'elle se rapporte à la tendance analytique (*tafṣîlî*, de la même racine), tandis que l'esprit unit (*jama'*) parce qu'il se rapporte à la tendance synthétique (*ijmâlî*, de la racine *jml*, de sens analogue à celui de *jm'*, comme le dit aussi l'auteur).

Mais Canteins poursuit encore son analyse en examinant deux termes qui sont également obtenus par permutation des racines respectives des mots *'arabî* et *a'jamî* : *i'râb* et *i'jâm*.

Ainsi, il nous apprend que le terme *i'râb*, qui signifie littéralement « arabiser », désigne en grammaire la vocalisation « flexionnelle », c'est-à-dire « syntaxique », des syllabes clés des mots, et que l'*i'râb* est pour les Arabes tellement inhérent à leur langue que toute transcription conventionnelle passe à leurs yeux pour une sorte de pléonasme, au point qu'une telle précaution était suspecte de « barbarisme ». Cependant — ajoute-t-il —“des raisons d'opportunité [...] ont fait cependant prévaloir la vocalisation écrite du Coran. Sur le plan linguistique comme religieux le Coran s'impose par sa nature normative de Prototype immuable. On dit aussi qu'il constitue la « langue syntaxique », *lisân an-naḥwî*, par excellence — la syntaxe étant elle-même appelée « science de l'*i'râb* » par opposition à la langue vulgaire" (*id.*, p. 85).

En effet, l'*i'râb* est un attribut inhérent à l'arabité, c'est-à-dire à l'élocution claire et distincte (*al-bayân*)[5] — "parler arabe c'est, absolument, s'exprimer impeccablement tant du point de vue de la diction que de la syntaxe", précise aussi Canteins (*ibid.*) — et il touche essentiellement, donc, à la langue parlée. Or, c'est cette idée qu'évoque, par exemple, le mot *paladino* dans l'expression *román paladino* avec laquelle on désignait le vieil espagnol. Et il ne fait aucun doute que nous pourrions trouver des équivalents de cette expression dans de nombreuses autres langues ; en fait, il est fort probable que toutes les langues aient cette conscience d'être « claires et distinctes », contrairement à celles des « étrangers », qui « bafouillent » lorsqu'ils parlent[6].

On sait, en effet, que pour la conscience des peuples anciens (et des traces en ont été laissées partout), il n'y a pas de

---

[5] Il faut pareillement noter que *i'râb* signifie aussi « proclamation », « déclaration », « expression », autant de mots qui renvoient à l'idée d'une énonciation claire.

[6] Nous parlons ici, logiquement, de langues naturelles, et non de langues savantes, puisque c'est seulement dans les premières que cet attribut de clarté est inhérent. Il en va tout autrement, en effet, dans le cas des langues savantes, où la clarté est un défi permanent plutôt qu'une donnée *a priori* : "Aucune langue sans exception n'est plus sujette à l'obscurité que la nôtre, et ne demande dans ceux qui en font usage plus de précautions minutieuses pour être entendus. Ainsi la clarté est l'apanage de notre langue en ce seul sens qu'un écrivain français ne doit jamais perdre la clarté de vue, comme étant prête à lui échapper sans cesse" (d'Alembert). Nous reviendrons sur ce sujet dans le chapitre suivant.

diversité de langues à proprement parler ; la langue est considérée fondamentalement comme une faculté et donc, dans un certain sens, comme unique ; mais, en même temps, la langue, dans cette conscience, est conçue comme un « art ». En fait, chaque groupe humain caractérisé par l'utilisation d'une même langue a la perception de celle-ci comme un « art » (ou « mode »: *naḥw* en arabe) infus dans sa condition humaine collective, un « art » caractérisé par le fait qu'il apporte clarté et précision au discours et l'ennoblit. C'est pourquoi, de ce point de vue, les étrangers sont assimilés à ceux qui souffrent d'un quelconque défaut d'articulation qui les empêche de parler correctement leur propre langue. Les deux, dans cette conscience, parlent mal *la* langue, c'est-à-dire qu'ils sont atteints de *ʿujma* (le parler confus, obscur ou ambigu, de la même racine *ʿjm*), et il est donc parfaitement légitime de les identifier les uns aux autres[7].

Or, il faut souligner que dans la conscience originelle du peuple arabe, ce trait, plus que tout autre, servait de signe commun d'identité entre les différentes tribus. L'« arabité » s'est constituée autour de cette conscience de la langue comme bien commun et par opposition à ceux qui parlaient confusément, les *ʿajam* (les *barbaroi*). Mais poursuivons encore l'analyse de Canteins.

Celui-ci examine le second terme, *iʿjâm*, qui désigne en grammaire l'action de marquer les consonnes de leurs points diacritiques, et il souligne que "paradoxalement, autant la transcription de l'*iʿrâb*, qui est, étymologiquement, « arabe », a suscité des réticences, autant l'*iʿjâm*, qui est, comparativement, « barbare », a été unanimement adopté et la légitimité

[7]Aujourd'hui encore, à Majorque, on dit d'un enfant qui prononce des mots de sa langue maternelle (le catalan insulaire) d'une façon embrouillée et confuse qu'il « *xerra foraster* » (parle comme un étranger).

de son emploi jamais mise en cause" (*op. cit.*, p. 85). Et il ajoute ici en note que "le point (diacritique) dont l'*i'jâm* a le souci se dit *nuqṭa*, de la racine NQṬ. Or, la racine permutée NṬQ — qui avec l'idée générale de raison, de logique, définit traditionnellement l'homme (*nâṭiq*) par opposition à l'animal — désigne habituellement la « parole articulée », établissant ainsi un rapport d'analogie sous-jacent au rapport apparent de complémentarité des deux termes" (*id.*, p. 90).

C'est-à-dire que, par une sorte de complémentarité, l'*i'jâm* (qui permet d'identifier les consonnes, et donc de les « distinguer » les unes des autres), apportant ainsi clarté à la langue, bien qu'étant « barbare » est néanmoins lié à ce qui est « arabe », tandis que l'*i'râb*, qui sert à la vocalisation syntaxique, bien qu'étant « arabe », est néanmoins lié à ce qui est « barbare » : nous sommes donc tenté de voir ici un exemple clair de cette vérité universelle que nous trouvons magnifiquement représentée dans le symbole extrême-oriental du *yin* et du *yang*, où les opposés (ou plutôt les complémentaires) apparaissent non seulement comme formant un couple d'aspects distincts, mais où, à l'intérieur de chacun d'eux, est présente en germe la réalité de l'autre.

Or, ceci dit, nous ne sommes pas encore entré dans le vif du sujet, même si ces premières précisions étaient absolument nécessaires, comme on le verra plus loin. En tout cas, pour les besoins de notre exposé ultérieur, il suffira de retenir en particulier de ce qui a été dit jusqu'ici que le « '*rb* » est lié à l'élocution claire et à l'analyse, donc à ce qui est compréhensible, et le « '*jm* » à la parole confuse et à la synthèse, donc à ce qui est obscur, « hermétique ».

Canteins s'interroge ensuite sur le sens profond du mot « barbare » en s'appuyant sur un passage du *Cratyle* de Platon (421 c-d), dont il tire la conclusion que "Platon définit donc comme « barbare » toute expression archaïque incomprise des Grecs de son temps du fait notamment de son ancienneté et de son caractère primitif. Platon nous permet ainsi de préciser l'équation « barbare » = incompréhensible (par opposition à « arabe » = clair, évident)" (*id.*, p. 86). Partant de là, et en intégrant en une seule idée les différents éléments qu'il a examinés, il parvient à une première énonciation décisive, qui constitue la référence initiale que nous avions cherché à établir:

> "Au sens « arabe » parfaitement intelligible — tant par la forme que par le fond — qui correspond au sens « littéral » du Coran, s'oppose alors le sens *anagogique* que, par symétrie, on peut légitimement qualifier de « barbare » en référence au passage de la sourate XLI.44 [que nous avons vu au début]. De la sorte, tombe sous le qualificatif de « barbare » tout ce qui ne répond pas à la définition d'intelligibilité et d'univocité des *âyât muḥkamât* du Coran. Sont notamment « barbares » les passages *mutashâbihât* et parmi ceux-ci, *a fortiori,* les sigles figurant en tête de certaines sourates auxquels nous pouvons appliquer, par surcroît, le terme de « barbare » dans le sens symbolique où nous l'entendons à présent" (*ibid.*).

Cette conclusion de Canteins nous oblige à nous arrêter sur cette question. Il s'est référé au verset coranique suivant : "*C'est Lui qui a fait descendre le Livre sur toi. On y trouve des versets de signification précise* (ou univoque : *muḥkamât)* : *ce sont la mère du Livre* (umm al-kitâb), *et d'autres de signification obscure* (ou équivoque : *mutashâbihât). Ceux qui ont un cœur enclin à l'égarement s'attachent à ce qui est équivoque en lui* (le Livre), *par désir de discorde* (fitna) *et par envie de donner leur* (d'elles) *interprétation* (ta'wîl). *Mais nul autre que Dieu ne connaît l'interprétation du Livre. Et ceux qui sont enracinés dans la science disent : « Nous y croyons. Tout vient de notre Seigneur ». Mais seuls réfléchissent ceux qui sont doués d'intelligence* (ûlû 'l-albâb)" (3 : 7).

Ce verset a traditionnellement offert de nombreux motifs de spéculation et, en particulier, de désaccord entre les oulémas et les soufis, comme nous allons le voir de manière condensée ci-après.

En premier lieu, il y a la désignation de *mutashâbihât* (« obscurs » ou « équivoques ») pour certains versets, sans que le Coran lui-même ne précise lesquels relèvent de cette qualification. Il est généralement admis que le sens équivoque ou ambigu de certains versets se rapporte au fait qu'ils établissent des similitudes[8], c'est-à-dire qu'ils peuvent conduire, en particulier, à accorder trop d'importance au *tashbîh* (mot de la même racine), à savoir à l'analogie entre Dieu et la création. Mais celles qui sont considérées comme *mutashâbihât* par excellence, ce sont les lettres « isolées » (*muqaṭṭa'ât*) qui, seules ou par groupes de deux, trois, quatre ou cinq, sont à la tête de vingt-neuf sourates coraniques. Leur qualification comme « équivoques » n'a pas empêché cependant que ces lettres aient été l'objet de plus de tentatives d'interprétation que n'importe quel autre verset du Livre, les opinions les plus variées ayant été exprimées à leur égard, lesquelles n'ont pas réussi, de toute façon, à lever le voile de mystère qui les recouvre. Il est en effet rapporté qu'Abû Bakr *aṣ-Ṣiddîq* a déclaré à ce propos : "Allâh a dans chaque Livre révélé un secret, et Son secret dans le Coran ce sont les Initiales des sourates".

---

[8] *Mutashâbih*, équivoque, est de la même racine que *mushâbaha*, similitude ; ce qui permettrait de le traduire par *parabolicus*, dans le sens que ce terme avait en latin ecclésiastique.

Et deuxièmement (et c'est là le point qui suscite le plus de désaccord entre les oulémas et les soufis), il y a la question de la césure qui doit être appliquée à la lecture des phrases qui font référence à l'interprétation de ces versets. Dans la traduction que nous avons proposée, nous avons suivi la césure « canonique », qui est obligatoirement reproduite dans toutes les copies « officielles » du Coran ; mais pour les soufis (ou pour certains d'entre eux, du moins), la lecture devrait être la suivante : "[...] *mais nul ne connaît son interprétation, sauf Dieu et ceux qui sont enracinés dans la science. Ceux-ci disent :* [...]", lecture qui légitimerait ces derniers (bien qu'il faille alors préciser qui ils sont) pour l'interprétation de ces versets.

Mais en réalité, il n'est pas nécessaire de recourir à cette lecture alternative, car si "selon le Koran « nul ne connaît son interprétation sinon Dieu », (cela) signifie que l'homme ne peut la connaître que par inspiration divine, non par le seul raisonnement — mais l'inspiration et le raisonnement ne s'excluent pas puisque l'un peut produire ou actualiser l'autre"[9]. En d'autres termes, il ne s'agit pas d'utiliser un jugement purement personnel, en faisant usage de conjectures et de suppositions, ce que censure également, en particulier, le *ḥadîth* suivant : "*Quiconque traite du Coran en usant de son jugement personnel, et est dans le vrai, est cependant en faute*". Et l'attitude requise pour recevoir cette inspiration est résumée par Ibn 'Arabî en ces termes : "[Seuls recevront cette connaissance] ceux qui se sont dit : nous viderons notre cœur de toute spéculation réfléchie et nous nous assiérons avec Dieu — exalté soit-Il — en pratiquant le *dhikr* sur le tapis du respect des convenances spirituelles (*adab*), de la vigilance (*murâqaba*), de la présence du cœur (*hudûr*) et de la disposition à recevoir ce

[9] F. Schuon, *Le Soufisme : voile et quintessence*, Paris, Dervy, 1980, pp. 73-74.

qui nous viendra de Lui, afin que ce soit Dieu Lui-même qui se charge de nous enseigner par dévoilement et réalisation essentielle, car nous L'avons entendu dire : « *Craignez Dieu et Dieu vous enseignera* » (Cor. 2 : 282)"[10].

ᘓ

En tout état de cause, ces dernières réflexions nous conduisent impérativement à aborder une des questions les plus étroitement liées au reste de notre exposé : le sujet du *ta'wîl*, qui est le nom sous lequel on connaît en islam l'herméneutique spirituelle du Livre sacré et qui correspond à la notion que recouvre le mot grec *anagôgê*.

Le mot *ta'wîl* exprime l'idée d'un retour à l'origine, car il est issu de la même racine qui donne, entre autres, le verbe *âla*, revenir, et le mot *awwal*, premier, primordial. Et, de fait, "le *ta'wîl*, terme qui signifie littéralement « reconduction », est la méthode qui permet, en partant de la lettre du langage, de remonter à la source des idées — les *ḥaqâ'iq*, les *ma'ânî* — dont les mots ne sont que les vêtements"[11]. C'est donc le procédé qui permet de trouver les sens cachés derrière le sens littéral, sans annuler ce dernier, procédé qui étaie sa légitimité dans la parole du Prophète selon laquelle le Coran a un « extérieur » et un « intérieur », et cet intérieur en a un autre et ainsi de suite jusqu'à sept intérieurs ("*Inna li'l qur'ân ẓahran wa baṭnan, wa li baṭnihi baṭnan ilâ sab'at abṭun*").

Ainsi, si le Coran « extérieur » est clair et évident, parce qu'il est dans une langue arabe claire (*lisânun 'arabiyyun mubîn*), le

---

[10] Cité par Denis Gril dans Ibn 'Arabî, *Les Illuminations de La Mecque*, Paris, Sindbad, 1988, p. 405.

[11] Jean-Louis Michon, *Le Soufi marocain Ibn 'Ajîba (1746-1809) et son* Mi'râj. *Glossaire de la mystique musulmane*, Paris, Vrin, 1973, p. 143.

Coran « intérieur » est obscur, il est *a'jamî* ; de sorte que le *ta'wîl* présente un lien évident avec ce qui est « barbare », qui, comme nous venons de le voir, est aussi ce qui est « ancien », c'est-à-dire ce qui est lié à l'origine, et cela dans tous les sens de ce dernier mot[12]. Le *ta'wîl* est, en somme, ce qui nous offre le sens anagogique du Texte révélé, un sens qui, comme nous l'avons vu, peut aussi légitimement être qualifié de « barbare », selon Canteins.

Toutefois, ce que Canteins ne mentionne pas, c'est que de la racine dérivée *'br* on obtient aussi le mot *ta'bîr*[13], qui, outre le sens d'« affirmation », « déclaration », « expression », a le sens spécifique d'« interprétation des rêves ». Ici on voit à nouveau une confirmation de tout ce qui précède, car si le *ta'wîl* suppose une « voie » ascendante, puisqu'il s'agit de remonter de la littéralité (la « matérialité ») du mot vers les sens les plus élevés et les plus profonds de celui-ci, c'est-à-dire de la forme vers l'essence, en passant par tous les niveaux intermédiaires, le *ta'bîr*, quant à lui, définit une voie descendante, du monde imaginal ou des symboles (*'âlam al-khayâl* ou *'âlam al-mithâl*) vers la réalité concrète du monde matériel. Le *ta'bîr* « matérialise » les réalités du plan imaginal en les expliquant par leur concrétisation dans le monde visible (*'âlam al-shahâda*), tandis que le *ta'wîl* « spiritualise » les versets du Livre (et de même les « versets » du « livre » de la Création) en

[12] Ainsi, les « fables des anciens » (*asâṭîru'l-awwalîn*) (*cf.* Coran 6 : 25) sont en réalité les traditions « des primordiaux », comme le souligne Schuon, et si dans la conscience des païens arabes la Révélation était liée à ces traditions, c'est parce qu'elle n'était en fin de compte qu'une actualisation de ces vérités primordiales (*cf.* F. Schuon, *Du Divin à l'Humain : Tour d'Horizon de Métaphysique et d'Épistémologie*, Paris, L'Harmattan, 2018, p. 118, note).

[13] Il nous semble également intéressant de noter qu'un autre mot dérivé de cette racine est *al-'ibrâniyya*, la langue hébraïque.

les faisant passer du plan matériel à leur signification intérieure.

Et cela fournit une confirmation supplémentaire, si besoin en était encore, que ce qui est « arabe » se rapporte à la « descente » (*tanzîl* : Révélation) et à l'« extérieur » *(ẓâhir)*, tandis que ce qui est « barbare » se rapporte à la « montée » (*ta'wîl* : herméneutique spirituelle) et à l'« intérieur » (*bâṭin*)[14].

Or, cette condition de « voie ascendante » qu'a le *ta'wîl* fait qu'on puisse le comprendre de deux façons différentes : dans le chiisme, où il constitue un « principe scripturaire fondamental », comme l'affirme Corbin[15], qui ajoute que “l'affirmation qu'à tout ce qui est apparent, littéral, extérieur, exotérique *(ẓâhir)* correspond quelque chose de caché, spirituel, intérieur, ésotérique (*bâṭin*), constitue la revendication scripturaire qui est à la base même du shî'isme comme phénomène religieux” (*id.*, p. 68) ; dans le chiisme, disons-nous, le *ta'wîl* est une pure herméneutique des textes sacrés, mais dans le soufisme il s'agit d'une exégèse qui est fondamentalement axée sur la réalisation spirituelle, c'est-à-dire qu'elle est liée à une ascension effective du niveau contemplatif[16]. Ainsi, dans un certain sens, le *ta'wîl* n'y apparaît pas nécessairement de façon explicite

---

[14] Un synonyme moins utilisé de *ta'wîl* est le mot *istinbaṭ*, de la racine *nbṭ* — obtenue par permutation de la racine *bṭn* (d'où vient *bâṭin*, l'« intérieur » ou le « caché ») — , qui signifie littéralement « puiser dans les profondeurs », où l'on retrouve la relation bien connue entre le profond et le haut.

[15] *L'Imagination créatrice dans le soufisme d'Ibn 'Arabi*, 2e éd., Paris, Flammarion, 1977, p. 30. Un *ḥadîth* célèbre dans les milieux chiites dit, de façon très significative, que le Prophète a combattu pour le *tanzîl* et ‘Alî a combattu pour le *ta'wîl.*

[16] Il s'agit d'une « ascension du regard » (*mi‘râj al-tashawwuf*), qui est le titre d'un ouvrage célèbre d'Ibn ‘Ajîba.

comme une herméneutique du Texte révélé, mais il en vient à coïncider avec la voie spirituelle (*sulûk*) elle-même[17].

Quoi qu'il en soit, ce qu'il importe de garder à l'esprit c'est que le *ta'wîl* n'est illégitime que dans la mesure où ceux qui le pratiquent ne sont pas « doués d'intelligence » et, pour cette raison, « tordent » et « essorent » les mots pour qu'ils finissent par dire ce qu'ils ne disent pas. C'est là l'accusation typique que les canonistes ont toujours dirigée contre un *ta'wîl* qu'ils jugeaient trop audacieux ou injustifié, accusation qui trouve son fondement dans certains versets coraniques (notamment 4 : 46, 5 : 13 et 5 : 41) où sont condamnés ceux qui « détournent les mots de leur contexte » (ou « faussent le sens des mots », *yuḥarrifûna al-kalima ʻan (baʻdi) mawâḍi'ihi*), ce qui a obligé certains soufis à préciser que leur mode d'interprétation n'altérait pas le sens littéral des paroles révélées, qui restait toujours valable. Mais ce qui est curieux ici, c'est que le verbe qui dans ces versets est traduit par « altérer » ou « détourner » *(ḥarrafa)* provient de la même racine que le mot « lettre » (consonne) : *ḥarf* (pl. *ḥurûf*) ; car, en effet, en arabe la lettre est appelée *ḥarf* à cause de l'idée qu'il s'agit de quelque chose de « tordu » (seul l'*alif*, qui est un pur trait vertical, est épargnée de cette imputation)[18].

---

[17] Ainsi, on peut affirmer que “dès lors que le Soufisme représente l'aspect intérieur de l'Islam, sa doctrine est en substance un commentaire ésotérique du Coran” (Titus Burckhardt, *Introduction aux doctrines ésotériques de l'Islam*, Paris 1969, p. 55).

[18] Nous ne pouvons qu'évoquer brièvement ici la très intéressante doctrine sur la « lettre » qu'on trouve chez un Niffarî, que nous résumerons simplement en disant que la « lettre » y est présentée en des termes qu'on peut parfaitement assimiler à la notion hindoue de *Mâyâ*. Pour Niffarî, en effet, la « lettre » *(ḥarf)* est le voile par excellence, l'autre (que Dieu) : “L'autre (que Dieu) est entièrement lettre, et la lettre est entièrement autre (que Dieu)” (*al-siwâ kulluhu ḥarf wa 'l-ḥarfu kulluhu siwâ*) (*Mawqif* 55 : 5, de

ও

Et maintenant, après avoir fermé cette section consacrée au *ta'wîl*, nous allons reprendre la citation que nous faisions de l'ouvrage de Canteins, qui, comme récapitulation du point où nous l'avions laissé, conclut avec une autre énonciation décisive : "Est « barbare » ce qui se réfère à l'expression *ésotérique*, mythe ou mystère ; est « arabe », par contre, tout ce qui se réfère à l'expression *exotérique*" (*op. cit.*, p. 87). Et l'auteur précise en note :

> "L'équivalence entre « barbare » et « ésotérique » — paradoxale à première vue — est plus profonde qu'il paraît. On peut s'en convaincre en considérant les acceptions d'un terme très proche de « barbare », celui d'« étranger » (grec : *xenos*, *allogénês*, *allotrios*). Il constitue un mot clé de la pensée gnostique où désigne non seulement tout ce qui est « étrange », mais une série de notions de plus en plus transcendantes : est « étranger » tout ce qui est « différent » et « autre » par rapport à la réalité d'ici-bas" (*id.*, pp. 90-91).

Nous ne croyons pas du tout que cette équation que Canteins établit soit paradoxale, surtout à la lumière de ce que nous avons vu jusqu'ici. Et c'est une notion déjà acceptée que le véritable ésotérisme est toujours « étranger », et que l'ésotériste est celui à qui s'applique par excellence cette phrase

---

l'édition d'Arberry), lit-on, parmi de nombreuses autres formulations analogues qui émaillent son ouvrage. Or, ainsi comprise, la « lettre » contient à la fois l'exotérique et l'ésotérique (*al-ẓâhir wa 'l-bâṭin fî 'l-ḥarf*, dira en effet Niffarî), mais avec une différence : l'exotérique de la lettre (*al-ḥarf aẓ-ẓâhir*) est une science qui ne conduit pas à une pratique sincère, tandis que l'ésotérique de la lettre (*al-ḥarf al-bâṭin*) est une science qui conduit à la *ḥaqîqa* (cf. *Mawqif* 67 : 81), laquelle est, comme le précise Niffarî lui-même, "ce par quoi Dieu se révèle" (*ibid.*).

d'Ibn ‘Ajîba : “C'est un fait que la vérité est étrangère et que ses gens sont des étrangers à toutes les époques. Le Prophète l'a dit : « Heureux les étrangers ! » (*fa-ṭûbâ li 'l-ghurabâ'*)”[19]; et, comme le souligne Canteins dans la même note que nous venons de citer, les soufis ont identifié l'« étranger » (*gharîb)* à l'ascète, au solitaire[20] .

Compte tenu de tout cela, et ayant fixé ainsi les premières repères fondamentaux que nous voulions dégager, nous ne quitterons pas encore l'ouvrage de Canteins, qui prend maintenant un nouveau tournant et aborde un autre aspect non moins important, aspect qui, à notre avis, justifie un nouveau chapitre et, également, le titre que nous lui avons donné.

---

[19] Michon, *Le Soufi...*, *op. cit.*, p. 61.

[20] Mais le véritable ésotériste est aussi, de manière complémentaire, le « cosmopolite », au sens que ce mot avait chez les Rose-Croix du Moyen Âge européen, pour qui il était obligatoire d'“adopter toujours le langage et le costume des gens parmi lesquels on vit et de se conformer en tout [extérieurement] à leurs façons d'agir” (René Guénon, *Initiation et réalisation spirituelle*, nouvelle édition, Paris, Éditions Traditionnelles, 1975, p. 214).

II

LANGUE SACRÉE ET LANGUE VULGAIRE

Canteins poursuit avec une autre formulation, plus capitale encore :

> “Nous avons noté que le Coran est la « langue syntaxique », qui s'oppose à la langue « vulgaire ». Le Coran étant le critère de l'« arabité », on se trouve ainsi amené à assimiler la langue « vulgaire » à la langue « barbare » et, par extension, à la comprendre à la lumière de la dernière acception du mot « barbare » [...]. Ce qui distingue la langue « vulgaire » de la Langue sacrée apparaît mieux : la langue « vulgaire » ou « barbare » véhicule sous une apparence profane le contenu ésotérique, la Langue sacrée véhicule *a priori* le contenu exotérique encore que, en tant que langue de la Révélation, elle ne puisse pas ne pas véhiculer également le contenu ésotérique, mais celui-ci est à décrypter derrière l'exotérique” (*op. cit.*, p. 87).

Cette nouvelle approche du raisonnement de Canteins nous autorise (quasiment nous oblige) à traiter de manière assez détaillée la question de la langue sacrée et de la langue vulgaire.

Dans la classification des langues, la distinction la plus radicale que l'on puisse établir, de manière schématique, est celle qui oppose les langues sacrées aux langues profanes. Par langues sacrées nous entendons les langues qui ont été les véhicules des révélations, et par langues profanes, en principe, toutes les autres langues. Or, ce point de vue, même dans son apparente essentialité, doit être complété par la distinction, sous un point de vue différent cette fois, entre les langues savantes (ou « littéraires »)[21] et les langues naturelles ou « vulgaires » (au sens purement linguistique du mot). Et de la combinaison de ces deux perspectives découlent, logiquement, diverses possibilités, même si toutes ne se réalisent pas dans le concret.

Ainsi, selon ce schéma que nous avons établi, la condition de langue profane peut, en principe, être appliquée aussi bien à une langue savante qu'à une langue vulgaire, mais, en fait, seulement une langue naturelle peut devenir une langue sacrée, pas une langue savante. C'est dire qu'une langue vulgaire peut être sacrée ou bien profane, tandis qu'une langue savante ne peut qu'être profane, même si (mais là, c'est une autre question) elle peut être « promue » au statut de langue liturgique sous certaines conditions. La raison en est que la langue naturelle, malgré les corruptions qu'elle a pu accumuler, conserve précisément sa condition de naturelle, détail qui révèle son lien avec la Langue primordiale, alors qu'une langue savante est, par définition, une langue « figée » conformément aux règles d'un art tout extrinsèque, une langue, donc, dans une large mesure artificielle[22].

---

[21] En espagnol et dans d'autres langues (portugais ou catalan, par exemple), on utilise l'expression « langue *culte* », qui a l'avantage de mettre clairement en opposition « culture » et « nature ».

[22] On doit à Fabre d'Olivet les affirmations suivantes : "Je réfléchissais sur ce point et j'étais conduit à penser que la langue d'Oc devait principalement ses formes grammaticales à la nature qui les avait développées toute seule ; tandis que la langue d'Oui, ou la française, avait reçu les siennes de l'art, postérieurement et par imitation, en sorte que les formes naturelles

Pour en venir maintenant au sujet de la langue sacrée, il faut préciser que c'est la Révélation qui rend sacrée une langue naturelle, tout comme c'est le Message (*Risâla*) qui fait le messager (*rasûl*) et non pas l'inverse. Il n'y a pas de langues sacrées *a priori*, mais seulement des langues naturelles qui ont conservé un degré de noblesse et de pureté primitives suffisamment élevé pour pouvoir véhiculer une Révélation.

Or, bien qu'une des principales caractéristiques des langues sacrées (en tant que reflet de la Langue primordiale) soit qu'en elles "les mots sont remarquablement adéquats aux objets qu'ils expriment", comme le dit le *Kuzari*[23], — c'est-à-dire qu'elles rendent avec une grande justesse l'essence des choses[24] — le Texte révélé, en tant que tel, se présente nécessairement, *a priori,* comme une surface, comme un « extérieur » dans lequel, en quelque sorte, la langue reste « congelée » dans un sens univoque. De cette façon, la qualité polysémique de la

et endémiques dans la première, sont dans la seconde artificielles et exotiques" (*La Langue d'Oc rétablie*, Ganges, David Steinfeld, 1989, p. XLIV).

[23] "*Tienen sus nombres grande conveniencia con las cosas nominadas*" ("leurs noms ont une grande conformité avec les choses nommées") dans la traduction castillane de Jacob Abendana de 1663. La traduction française que nous avons employée est celle de Charles Touati (Juda Hallévi, *Le Kuzari : apologie de la religion méprisée*, Paris, Verdier, 1994, p. 175), dont, compte tenu de sa pertinence, nous reproduisons ci-après d'autres sections du paragraphe où se trouve la citacion précédante : "Mais les langues et les écritures n'ont pas une égale dignité. [...] La langue divine créée *ex nihilo* que Dieu à communiqué à Adam [...] est sans aucun doute la plus parfaite des langues [...] (et) il s'ensuit nécessairement que la langue sainte est supérieure aux autres".

[24] Ce n'est que dans une langue sacrée, en tant que reproduction de la Langue primordiale, qu'il existe une correspondance parfaitement adéquate entre le symbole verbal et la réalité symbolisée, ce qui permet, notamment, que la psalmodie du Texte sacré ou la répétition de certaines de ses phrases ou mots, en particulier ceux qui sont des Noms de Dieu, aient une efficacité « sacramentelle » ou « eucharistique » ainsi qu'initiatique.

Langue primordiale (une caractéristique qui est, en quelque sorte, encore plus déterminante que la première), autrement dit sa capacité à exprimer en même temps une pluralité de sens, même si elle est présente par définition dans la langue sacrée, reste « cachée » dans le Texte révélé, c'est-à-dire qu'elle constitue l'aspect « intérieur » de ce dernier[25].

Et cet aspect intérieur doit être « lu », alors, en clé de langue vulgaire et non en clé de langue sacrée. Autrement dit, la langue naturelle ayant été « sacralisée » par un Message religieux qui a été versé dans son moule, conserve sa « disponibilité » illimitée au-delà du sens univoque présenté par le Texte révélé ; ou mieux, plus exactement, la sacralisation qu'une langue naturelle obtient parce que Dieu a « parlé par elle » (si l'on peut s'exprimer ainsi) n'altère pas substantiellement sa condition naturelle, dont elle conserve les vertus, et, en même temps, elle perd sa condition profane et devient un *volgare illustre* (selon l'expression de Dante), c'est-à-dire “un langage apte, par la superposition des sens multiples, à exprimer dans la mesure du possible la doctrine ésotérique”[26], un langage capable, en somme, de permettre un *verace intendimento* (selon l'expression aussi de Dante) du Texte révélé.

La Révélation remplit donc une double fonction à l'égard du langage. D'une part, elle transforme une langue naturelle en langue sacrée au prix (si l'on peut dire) d'y « mourir » un peu, c'est-à-dire de rester enfermée, en un certain sens, par ses limites — limites qui sont liées dans une large mesure au « mode » (*naḥw*) ou « art » particulier que celle-là représente,

---

[25] Comme l’affirme F. Schuon, “la divinité d'un Livre révélé [...] est d'abord dans la richesse des significations” (*Forme et Substance dans les Religions*, Paris, L’Harmattan, 2012, p. 182).

[26] René Guénon, *Aperçus sur l'ésotérisme chrétien*, nouvelle édition, Paris 1976, Éditions Traditionnelles, p. 72.

qu'elle rend paradigmatique, c'est-à-dire qu'elle lui confère la condition de « langue grammaticale » ou « syntaxique » (*lisân an-naḥwî*) — ; et, d'autre part, elle vivifie la capacité de pleine signification de la langue vulgaire (restée intacte mais seulement potentielle sous la « peau d'âne » de sa corruption accumulée au cours des siècles), ce qui revient à dire qu'elle la restitue à sa condition de *Natursprache* (dans la terminologie de Jakob Boehme que Canteins reprend). Et ce faisant, la Révélation met en évidence que la *Natursprache* était déjà là dans la langue vulgaire et que le lien de cette dernière avec la Langue primordiale, même s'il est flou, était direct, tandis que la langue sacrée, en tant que telle, constitue une « adaptation » en vue de certaines fins.

Tout cela, comme le lecteur l'aura compris, est tout à fait analogue à ce qui se passe avec la dialectique entre Révélation « extérieure » et Révélation « intérieure » ou ésotérisme. L'Intellect universel est révélé, c'est-à-dire qu'il est rendu manifeste dans la Révélation, qui précisément montre clairement que l'Intellect était déjà là ; il était, il est vrai, dans l'intellect humain, qui n'a conservé que potentiellement son lien avec l'Intellect universel, mais précisément la Révélation permet de retrouver et d'actualiser pleinement ce lien. En ce sens, F. Schuon affirme : “La Révélation est une objectivation de l'Intellect, et c'est pour cela qu'elle a le pouvoir d'actualiser l'intelligence, qui est obscurcie — mais non abolie — par la chute ; cette obscurité peut n'être qu'accidentelle, non substantielle, et dans ce cas l'intelligence est appelée, en principe, à la gnose”[27].

Mais revenons aux notions que Canteins met en évidence au sujet de la Langue primordiale, en s'appuyant sur Boehme, qui, dans son *Mysterium Magnum*, identifie la *Natursprache* (la

[27] *Comprendre l'Islam*, Paris, Seuil, 1976, p. 130.

langue naturelle) à la Langue primordiale, langue qu'il désigne aussi par le terme *Sensualischprache*, “la langue « qui exprime immédiatement le sens »”, selon la traduction proposée par Canteins, qui ajoute qu'il s'agit de “la langue purement symbolique ou « noétique »” (*op. cit.*, p. 88).

Tout cela — comme le souligne également Canteins — est étroitement lié à la « langue des oiseaux » dont on parle dans diverses traditions et notamment dans l'Islam, comme nous le voyons dans un célèbre article de Guénon publié dans la revue *Voile d'Isis* en novembre 1931, où il affirme que la connaissance de la « langue des oiseaux » (*manṭiq aṭ-ṭayr*) est la prérogative d'une « haute initiation » et que les « oiseaux » doivent être pris comme symboles des anges, c'est-à-dire des états supérieurs de l'être. Guénon assimile également cette « langue angélique » à la « langue syriaque » (*lugha sûryaniyya*) dont on parle aussi dans la tradition islamique, qui est une désignation de la Langue primordiale, et affirme que son image dans le monde humain est le langage rythmé, “car c'est sur la « science du rythme », qui comporte d'ailleurs de multiples applications, que se basent en définitive tous les moyens qui peuvent être mis en œuvre pour entrer en communication avec les états supérieurs” de l'être, fondamentalement le *dhikr*.

Il n'est donc pas du tout illégitime, sur la base de ce que nous avons vu jusqu'ici, d'identifier la *'ujma* (la langue « barbare », c'est-à-dire le langage « hermétique ») avec le *manṭiq aṭ-ṭayr*, dans le sens que ces deux notions renvoient au « langage » correspondant aux états supérieurs de l'être et que ces deux-là sont l'apanage d'une « haute initiation ». Et dans ce sens, il est très important de garder à l'esprit que, selon le Coran (27 : 16), Salomon fut instruit dans le langage des oiseaux et que c'est là, vraiment, la « grâce manifeste » (*al-faḍlu'l-mubîn*). Retenons donc cette donnée, car la référence à Salomon prendra une importance particulière dans la deuxième partie de notre ouvrage.

ഗ

Pour en revenir maintenant au problème soulevé par le verset que nous avons cité au début, il faut ajouter que, si l'on y réfléchit un peu, on verra que cette possibilité envisagée d'un Coran à la fois arabe et non arabe, ne consiste pas vraiment en une hypothétique révélation parallèle dans une langue non arabe, car alors le reproche des croyants ne serait pas celui qu'ils y formulent. En réalité, ce dont ils se plaindraient dans ce cas, comme le montre clairement le verset lui-même, c'est que cette révélation n'était pas « claire et distincte », « explicite », mais que, *étant arabe*, elle était implicite, obscure, synthétique, c'est-à-dire « affectée » de *'ujma*, donc *étrangère*. Une plainte parfaitement légitime, en somme, car, comme le dit Canteins, l'existence d'un Coran « scellé » dont le sens serait inaccessible à la majorité des croyants, "ne manquerait pas de provoquer une réaction de la communauté ainsi privée de l'accès à l'Écriture révélée, contre le plus élémentaire bon sens"[28]. Ainsi, le Coran serait affligé de *'ujma*, non pas s'il était écrit dans une autre langue humaine, mais s'il était « fermé », « hermétique », c'est-à-dire ésotérique en soi. Cela n'enlève rien au fait que, selon ce que nous avons vu, on peut dire que le Coran possède une dimension intérieure ou ésotérique, et que, si sa dimension extérieure est « arabe », cette dimension intérieure est à son tour « barbare ».

---

[28] *Op cit.*, p. 89.

Et cette double dimension, qui, comme il a déjà été établi, peut être ramenée à celle qui existe entre l'analytique et le synthétique, se retrouve en fait dans le mot *qur'ân* lui-même. Celui-ci signifie, comme on le sait, « lecture », ce qui renvoie d'une certaine façon à l'idée d'« analyse » par le fait qu'on prononce les mots séparément ; mais, en réalité, son sens fondamental (celui de sa racine : *qara'*) est celui de « rassemblement », c'est-à-dire, en quelque sorte, de « synthèse », d'où il s'ensuit que le Coran inclut ces deux dimensions et que c'est la « synthèse », précisément, sa dimension racine[29].

∽

Étant donné tout ce que nous avons vu jusqu'à présent, nous souscrivons entièrement à la conclusion finale de Canteins :

> "L'éventualité d'un Coran « barbare » implique l'existence d'un Coran « scellé » dont le sens serait inaccessible à la majorité des croyants [...]. Or, sans s'opposer au bon sens ni défier la raison, ce Coran « barbare » existe néanmoins effectivement à l'intérieur du Coran « arabe ». Il existe, d'abord, matériellement ou « littéralement » avec les sigles. Il existe, ensuite, essentiellement, avec le sens secret ou ésotérique que seuls *les enracinés en la Science* connaissent. À cet égard, on peut dire — et ce sera une conclusion qui ne se veut pas une boutade — que toute la littérature soufique (qu'il s'agisse des traités d'un Ibn Arabî ou d'un Sohravardî) est « barbare »" (*ibid.*).

---

[29] Dans ce sens, nous trouvons très intéressant que le catalan Antoni de Montserrat, l'un des trois pères jésuites qui en 1580 furent envoyés en mission à la cour du souverain moghol Akbar en réponse à une invitation de ce dernier, ait traduit *qur'ân* par le mot latin *syntagma* (en prêtant plus d'attention, donc, au sens de sa racine) dans son ouvrage *Mongolicae Legationis Commentarius*, traduction dont nous ne connaissons pas d'autres exemples.

Nous estimons que cette affirmation de Canteins ne doit en aucun cas être considérée comme une boutade, car elle est la conclusion logique de son argumentation, qui permet non seulement de rattacher ce qui est *a'jamî* à la « littérature soufique », mais au soufisme en tant que tel ; car on peut parfaitement dire que le soufisme, du moins *dans la mesure où il révèle le contenu ésotérique du Coran*, est « barbare ».

Par conséquent — ajoutons-nous — le « *'rb* » pourrait être référé *a priori* à l'« écorce » (*qishr*), et le « *'jm* », à la « moelle » (le noyau, *al-lubb*), c'est-à-dire, approximativement, à la *sharî'a* et à la *ḥaqîqa*, respectivement[30]. Or, le « *'jm* » serait le mode de connaissance de ceux qui sont doués d'intellect (« ceux qui ont des cœurs » : *ûlû 'l-albâb*), qui sont ceux qui perçoivent, précisément, le contenu essentiel (*albâb*, pl. de *lubb*) des choses. Et ce sont ceux-là qui cherchent le sens caché dans les versets du Coran, c'est-à-dire ceux qui pratiquent le *ta'wîl* et qui, en général, réorientent la *sharî'a* vers la *ḥaqîqa*.

Mais il y a plus. Car Canteins, en clôturant son important ouvrage, ne semblait pas se rendre compte qu'il ouvrait des possibilités insoupçonnées dans le domaine de la « métahistoire » (si on peut l'appeler ainsi) ; ou, peut-être, plus prudent que nous, a-t-il préféré ne pas s'engager sur un terrain glissant. En tout état de cause, et au risque d'avoir à fouler ce terrain, nous allons développer notre réflexion dans un sens que nous jugeons incontournable. Pour ce faire, nous allons commencer par récupérer la valeur propre, dans sa dimension historique, du mot que Canteins a traduit par « barbare » : *a'jamî*.

---

[30] Nous disons approximativement dans la mesure où cette dernière équation établit une alternative plus radicale que la première, puisque seul le « noyau des noyaux » (*lubb al-lubâb*) correspond à la notion admise de *ḥaqîqa*.

Pour un Arabe, un *a'jamî* est en effet une personne qui ne parle pas clairement, qui babille ou bafouille, et la *'ujma* est le contraire de la *faṣâḥa*[31] (éloquence) arabe ; c'est donc la façon de parler confuse et obscure, et les *'ajam* (pl. de *a'jamî*) sont bien les *barbaroi* en général. Mais, de manière particulière et historiquement décisive, les *'ajam* par excellence étaient (sont) les Perses (*al-furs*), comme on peut déjà le voir dans la poésie antéislamique, où *al-'arab* est opposé à *al-'ajam* et rendu équivalent à *al-furs*. En effet, avant l'avènement de l'islam, les Perses étaient pour le peuple arabe « l'autre » par antonomase, « l'étranger » par excellence, et cela de longue date ; en fait, dès le début de la prise de conscience de leur identité en tant que peuple. Nous avons dit plus haut que l'« arabité » s'est constituée comme identité autour de cette conscience de la langue comme bien commun et par opposition à ceux qui parlaient confusément, les *'ajam* (les *barbaroi*), qui, pour les Arabes, désignaient toujours les Perses, comme on le voit, par exemple, dans la dénomination de *bilâd al-'ajam* qui s'appliquait sans équivoque à la Perse et pas aux autres peuples avec lesquels les Arabes étaient en contact[32].

Dès lors, les conclusions de Canteins peuvent, de manière parfaitement justifiée, être poussées jusqu'à affirmer que

---

[31] *Faṣâḥa*, éloquence, est un terme équivalent à *bayân* et il n'a qu'une seule occurrence dans le Coran, mais très significative : "*Mon frère Aaron est plus éloquent* (faṣîḥ) *que moi*" (28 : 34). Comme le souligne Schuon, "la difficulté d'élocution, chez Moïse, signifiait l'interdiction divine de divulguer les mystères" (*Comprendre l'Islam*, *op. cit.*, p. 106, n. 1), d'où le fait que ceux-ci devaient être revêtus précisément de « l'éloquence » d'Aaron, c'est-à-dire qu'ils devaient recevoir un revêtement « exotérique ».

[32] Aux fins qui nous concernent ici, il est sans importance que dans l'Islam occidental le même mot ait été utilisé pour désigner les langues romanes parlées dans la péninsule Ibérique, d'où vient le mot espagnol *aljamiado*, qui désigne notamment les écrits des morisques rédigés dans ces langues, mais avec des caractères arabes.

si le « *'rb* » s'est historiquement concrétisé dans le peuple arabe et dans le Coran « extérieur », le « *'jm* » s'est non seulement concrétisé dans le Coran « intérieur », mais aussi, par une corrélation parfaitement logique, dans le peuple persan ; et cette dernière identification prend alors une importance qui ne peut être ignorée.

Dans l'ensemble, cette affirmation est liée à l'idée que les différents peuples seraient la concrétisation historique de différentes « vocations » qui se seraient également concrétisées à d'autres niveaux. Or, si l'identité entre « arabité » et Coran « extérieur » a été parfaitement établie et est tout à fait évidente, ne serait-ce qu'en observant le caractère arabe lui-même, on ne peut pas dire qu'une « vocation ésotérique » soit quelque chose qui puisse définir tout un peuple, en l'occurrence le persan. Cependant, quand on voit la profonde identification que celui-ci a fini par avoir avec le chiisme[33] et les termes dans lesquels ce dernier se présente, c'est-à-dire comme une « religion ésotérique », une telle assimilation ne manque pas d'avoir à priori une certaine plausibilité.

En tout cas, à notre avis l'assimilation a lieu, comme nous l'avons déjà souligné, à un niveau « métahistorique », et rattache ce qu'est la Perse à ce niveau au soufisme, et non au chiisme. C'est dire que, conformément à tout ce qui a été exposé, et par symétrie requise, nous devons mettre en relation le soufisme (la dimension intérieure de l'islam) avec la Perse « intérieure »; et donc nous pouvons déclarer sans hésitation que le soufisme (ou du moins un certain soufisme) est « persan » non seulement dans le sens où les réflexions que nous avons menées à la suite de Canteins, nous ont conduit, mais aussi comme « identité de

[33] Comme on le sait, le chiisme est né à l'origine dans des milieux purement arabes, mais déjà avec la dynastie des Bouyides (Xe siècle) il était sur le point de devenir la religion officielle de la Perse.

vocations », si l'on peut s'exprimer ainsi ; et ce dernier sens, qui est intimement lié au premier, doit être précisé avec toute la rigueur nécessaire, tâche à laquelle sera consacré le reste de cet ouvrage.

Mais d'abord, nous allons chercher une confirmation possible de tout ce qui précède chez un auteur qu'il n'est pas nécessaire de présenter : Ibn ‘Arabî. Et pour cela nous allons nous tourner vers un ouvrage de plus en plus connu et étudié, mais dans lequel, à notre connaissance, personne n'a encore attiré l'attention sur tout un corps de doctrine très intéressant qui offre, en particulier, un appui clair aux idées que nous avons exposées ci-dessus. Il s'agit du *Tarjumân al-‘ashwâq* (*L'interprète des désirs*), complété par le commentaire que Ibn ‘Arabî lui-même a rédigé pour en éclairer le contenu, intitulé *Risâlat adh-dhakhâ'ir wa 'l-a‘lâq fî sharḥ tarjumân al-‘ashwâq* (*Traité des trésors et des choses précieuses contenus dans le commentaire de l'interprète des désirs*)[34].

[34] Le *Tarjumân* fut édité et traduit en anglais en 1911 par le grand orientaliste Reynold A. Nicholson, dans ce qui fut en fait la première traduction complète d'un ouvrage d'Ibn ‘Arabî dans une langue européenne, même si Nicholson ne traduisit pas en fait l'ensemble du commentaire, qu'il proposa sous forme condensée. Il a donc fallu attendre jusqu'en 1996 pour voir l'apparition d'une traduction complète (cette fois en français) de cet ouvrage et de son commentaire, faite par Maurice Gloton.

III

« UNE DES FILLES DE PERSE PAR SON ORIGINE »

L'ouvrage en question est un *dîwân* dont les poèmes furent inspirés — nous dit son auteur — par les perfections d'une jeune fille qu'il rencontra lors d'un séjour à la Mecque en l'an 598 H (1201-2). Ibn 'Arabî tente d'y exprimer certaines des émotions qu'il a éprouvé face à cette jeune femme, véritable parangon de vertus et de beauté.

Ibn 'Arabî nous informe dans son Prologue[35] que cette jeune fille d'une beauté et d'une spiritualité exceptionnelles s'appelait Nizâm (nom communément traduit par « Harmonie » et appartenant à une racine qui donne l'idée d'ordre, d'arrangement, de disposition, et donc aussi de vers)[36], qu'elle était surnommée *'Aynu 'sh-Shams wa 'l-Bahâ'* (« Œil du Soleil et de la Beauté », ce dernier mot provenant d'une racine connotant l'idée de « lumineux », « rayonnant »), et aussi qu'elle était la

---

[35] Ce Prologue a déjà été partiellement traduit en espagnol par Asín Palacios dans son ouvrage *La escatología musulmana en la Divina Comedia*, 1919.

[36] Pierre Lory souligne que "le vers est une parole rythmée, dont la régularité numérique reflète l'harmonie du cosmos [...] À la différence du parler ordinaire « prosaïque », la parole poétique est alignée sur l'harmonie des sphères, et donc sur le verbe des anges qui les peuplent" (dans l'Avant-propos de la traduction française du *Tarjumân* mentionnée plus haut), ce qui nous ramène au sujet du « langage des oiseaux ».

fille de l'*imâm* chargé du *maqâm Ibrâhîm* de La Mecque, Abû Shujâ' Zâhir ibn Rustam, originaire d'Ispahan, « la plus splendide des villes » (*ajallu 'l-bilâd*), comme Ibn 'Arabî lui-même nous dira plus tard dans l'un des poèmes de l'ouvrage (XX, 17).

Ibn 'Arabî poursuit en disant dans son Prologue[37] :

> "Vertueuse, sage, religieuse et modeste, elle personnifiait la vénérable ancienneté de toute la Terre Sainte et la jeunesse ingénue de la ville fidèle au Prophète [...] Si ce n'était parce qu'il y a des âmes craintives, promptes au scandale et enclines à mal penser, je m'attarderais à louer ici les dons dont Dieu la pourvut, aussi bien dans son corps que dans son âme, laquelle était un jardin de générosité [...].
>
> Pendant le temps où je la fréquentais, j'observais avec soin les belles qualités qui ornaient son âme et les pris comme type d'inspiration pour les poèmes que contient ce livre [...] bien qu'avec eux je n'aie pu réussir à exprimer ne serait-ce qu'une partie des émotions que mon âme éprouvait et que la fréquentation de cette jeune fille éveillait dans mon cœur [...] du chaste et modeste maintien de cette jeune fille virginale et pure (*al-'adhrâ' al-batûl*)[38], qui enflammait mon ardeur spirituelle (*al-ishtiyâq*). Cependant, j'ai réussi à mettre en rimes certaines de ces émotions [...]. C'est pourquoi quels que soient les noms que je mentionne dans cet ouvrage, c'est à elle qu'ils font allusion ; quelle que soit la demeure dont je chante l'élégie, c'est à sa demeure qu'elle fait allusion. Mais, de plus, dans tous ces vers je ne cesse de faire allusion, sous le voile de l'allégorie mystique courante dans notre Voie, à des illustrations divines (*al-wâridât al-ilâhiyya*), à des révélations spirituelles (*al-tanazzulât al-rûḥ-*

---

[37] Nous suivons en général, avec quelques modifications et ajouts, l'élégante traduction d'Asín Palacios.

[38] C'est l'épithète que l'islam applique à la Sainte Vierge (*Sayyidatnâ* Maryam) et à Fatima.

âniyya) et à des correspondances sublimes (*al-munâsabât al-'uluwiyya*) ; car l'au-delà est meilleur pour nous que la vie d'ici-bas [*cf.* Coran 93 : 4]. La connaissance qu'elle possédait est celle à laquelle je vais faire allusion, et « nul ne vous informera mieux qu'une personne parfaitement instruite » [*cf.* Coran 35 : 14]. Dieu préserve donc le lecteur de ce *dîwân* de la tentation de penser ce qui est inconvenant des âmes qui dédaignent [une telle bassesse] parce que leurs desseins sont plus élevés et qu'elles n'aspirent qu'aux choses célestes".

Ce qui l'a poussé à écrire ce commentaire, poursuit Ibn 'Arabî, c'est qu'un *faqîh* d'Alep refusait d'admettre que ces vers recelaient des secrets divins (*asrâr ilâhiyya)*, prétendant que le Maître entendait dissimuler, en réalité, un amour sensuel. Voici comment Ibn 'Arabî lui-même l'explique :

> "J'entrepris donc de les commenter, et une partie de ce commentaire fut lue, sous ma direction, par le cadi Ibn al-'Adîm, en présence d'une assemblée de juristes (*fuqahâ'*, pl. de *faqîh*). Et lorsque ce dénégateur l'eut entendu, il revint à Dieu repentant et rectifia le mauvais jugement qu'il avait formé sur les *fuqarâ'*, sur leurs phrases galantes et leurs vers érotiques, par lesquels ils essaient d'exprimer les secrets divins".

Et plus loin, Ibn 'Arabî insiste encore sur le fait que dans ces vers il fait toujours allusion à des « connaissances seigneuriales » (*ma'ârif rabbâniyya*), à des lumières divines (*anwâr ilâhiyya*), à des secrets spirituels (*asrâr rûḥâniyya*), à des sciences d'ordre intellectuel (*'ulûm 'aqliyya*) et à des instructions relevant de la Loi divine (*tanbîhât shar'iyya*).

Ibn 'Arabî insère ensuite une énumération des sujets les plus courants dans ses poèmes amoureux, en se référant à leur signification allégorique générale, et ajoute :

> "Tous ces sujets que je viens de mentionner, ou d'autres semblables, doivent être interprétés comme des symboles de mystères et d'illuminations sublimes, que le Seigneur des cieux envoie à mon cœur (*fu'âd)* et au cœur de quiconque possède une préparation spirituelle pure et élevée, analogue à celle que je possède. En gardant cela à l'esprit, vous préférerez accorder du crédit à ma sincérité. Détourne donc ta pensée de l'extérieur des mots et cherche l'intérieur (*al-bâṭin*) afin de comprendre".

Et après avoir fait toutes ces mises en garde, Ibn ʻArabî évoque ensuite les circonstances de sa rencontre avec Nizâm, une nuit, alors qu'il était en train de faire les circumambulations rituelles autour de la Kaaba. Nous ne retiendrons ici, néanmoins, que ce qui est le plus pertinent pour notre propos. Ibn ʻArabî déclare :

> "Je sentis alors sur mon épaule le contact d'une main plus douce que la soie. Je me retournai et me trouvai en présence d'une jeune femme d'entre les filles des Grecs. Jamais je n'avais vu une femme au plus beau visage, aux discours plus doux, aux gloses plus pénétrantes, aux idées plus spirituelles, aux allusions symboliques plus subtiles, à la conversation plus élégante. Elle surpassait tous les gens de son temps en finesse d'esprit et en culture, en beauté et en savoir".

Nous trouvons ici, comme en conviennent presque tous les commentateurs, un équivalent de la Béatrice de Dante et, pour certains même, son précédent direct. Elle est donc le symbole de la Sagesse divine vue, en particulier, comme se manifestant sous diverses formes dans l'esprit du gnostique[39].

---

[39] Et cette incarnation de la Sagesse se désigne elle-même comme *qurrat al-ʻayn* (« fraîcheur de l'œil »), *Consolatrix* dans l'heureuse traduction de Corbin.

Or, un symbole *est* en quelque sorte ce qu'il symbolise ; ainsi, les détails spécifiques que Ibn ʻArabî nous offre de cette figure symbolique ne sont pas dépourvus de pertinence, et sa réalité historique, d'ailleurs, qui est aujourd'hui généralement admise (contrairement à l'opinion d'Asín, pour qui le récit précédent était une fiction littéraire), la rend doublement intéressante. Nous faisons référence, en particulier, au fait que Nizâm était originaire de Perse, un détail qui a une signification majeure et qui devient d'autant plus important si nous analysons certains poèmes de l'ouvrage dans lesquels Ibn ʻArabî traite ce point.

Nous allons donc reprendre ici plusieurs citations de cet ouvrage[40] dans lesquelles on peut découvrir une nette confirmation de ce que nous avons vu dans les chapitres précédents, même si les deux hémistiches suivants et leur commentaire suffisent à cet effet : "Certes, c'est une jeune fille arabe, mais en réalité c'est une des filles de Perse par son origine" *(Innahâ min fatayât ʻurub / min banât al-furs aṣlan innahâ)* (XLII, 4). Cette phrase est certes énigmatique à première vue, mais elle est clarifiée par le commentaire même d'Ibn ʻArabî : "Le vers dans sa totalité fait référence aux « gnoses muhammadiennes » *(al-maʻârif al-muḥammadiyya)*, même si par son origine elles sont étrangères (*aʻjamiyya* ; par antonomase, perses, comme nous l'avons vu). Car, lorsque Dieu fait mention des prophètes dans le Coran, Il dit à Muhammad : *Ce sont ceux-là que Dieu a guidés. Conforme-toi donc à leur direction* [6 : 90]. La langue étrangère (*al-ʻujma* ; par excellence, la langue persane) est antérieure par son origine (*aṣl*) à la langue arabe, et dans

[40] Nous nous servirons de l'édition de Beyrouth, Dâr Sâdir, 1966, qui offre le *dîwân* et son commentaire sous une forme intégrée sous le simple titre de *Tarjumân al-ʻashwâq*, tout en tenant compte de l'édition de Nicholson, qui présente quelques variantes.

leur ensemble les mots et expressions étrangers lui sont antérieurs. C'est pourquoi on dit « persane d'origine » (*min al-furs aṣlâ*)".

Nous ne doutons pas que tout ce que nous avons dit auparavant est parfaitement condensé ici. Mais, quoi qu'il en soit, nous allons le commenter brièvement. Une première précision concerne cette « antériorité d'origine », qui ne peut logiquement pas être temporelle, puisque, précisément, l'une des caractéristiques de la langue arabe est sa grande ancienneté, son archaïsme, par rapport aux autres langues voisines, dont le persan[41]. Il s'agit donc d'une antériorité (ou, mieux, d'une préséance) substantielle, en ce sens que la « langue arabe claire » (*lisânun 'arabiyyun mubîn*) dans laquelle le Coran a été révélé remplit, pour ce qui nous intéresse ici, la fonction de surface, d'extérieur, que nous avons déjà évoquée. Mais, plus profondément, Ibn 'Arabî fait ici référence au véritable ésotérisme, qui est, par définition, « antérieur » et « étranger », comme nous l'avons déjà vu. Car, comme le dit F. Schuon, "pour la « science des religions », l'ésotérisme vient après le dogme, il en est un développement artificiel, voire emprunté à des sources étrangères ; mais, en réalité, l'élément sapientiel vient forcément avant la formulation exotérique, puisque c'est lui qui, par le fait d'être une perspective métaphysique, déter-

[41] Comme le soulignait Titus Burckhardt, "il est significatif que la langue arabe soit la plus archaïque de toutes les langues sémitiques vivantes : son phonétisme conserve, à un son près, tous les sons indiqués par les plus anciens alphabets sémitiques, et sa morphologie se retrouve dans le célèbre Code d'Hammourabi" (cité par F. Schuon, *Forme et Substance...*, *op. cit.*, pp. 98-99).

mine la forme. Sans fondement métaphysique, point de religion ; l'ésotérisme doctrinal n'est que le développement, à partir de la Révélation, de ce qui « était avant »"[42].

Ainsi, bien que ces *ma'ârif* dont parle Ibn 'Arabî soient muhammadiennes par définition — car en réalité tout ésotérisme qui s'appuie sur le Coran et la Sunna est par définition *muḥammadî*, — au fond, puisqu'elles s'enracinent dans cet « autre » par excellence qu'est le fondement métaphysique, elles doivent être qualifiées d'« étrangères ». Et le commandement divin adressé ici au Prophète, de se conformer à la direction des Prophètes précédents, doit être compris — croyons-nous — dans ce même sens que son antériorité dans le temps fait figure ici, aussi, de sa préséance dans l'ordre de la connaissance. C'est dire que ces *ma'ârif* représentent, en tant que telles, autant de concrétions de la *'ujma*, comme nous le voyons dans un autre poème du même ouvrage (XXXVIII, 3) : "C'est en ce lieu (la ville de la Paix : *madînat as-Salâm*) que demeure une fille de Perse", c'est-à-dire, comme le précise le commentaire : "En cet endroit se trouve une sagesse étrangère *(ḥikmat 'ajamiyya)* en rapport avec Moïse, Jésus et Abraham et avec tout ce qui se rattache à un prophète étranger".

Mais il y a d'autres poèmes dans cet ouvrage, comme nous le disions, qui peuvent aussi apporter une confirmation supplémentaire à tout ce que nous sommes en train d'étudier. Examinons-en quelques-uns.

❧

[42] *Comprendre l'Islam, op. cit.*, p. 127, n. 1. Nous en trouvons une parfaite analogie dans le célèbre vers qui ouvre la *Khamriyya* d'Ibn al-Fâriḍ : "Nous avons bu à la mémoire du Bien-Aimé un vin qui nous a enivrés avant la création de la vigne" (*sharibnâ 'alâ dhikri 'l-ḥabîbi mudâmatan sakirnâ bihâ min qabli an yukhlaqa 'l-karm*) : c'est le « vin » de la gnose, comme tous les commentateurs s'accordent à l'interpréter.

Nous avons déjà vu comment, dans le Prologue, lorsque Ibn ʻArabî évoque les détails de sa rencontre avec Nizâm, il la décrit comme une « fille grecque » (littéralement, « une jeune femme d'entre les filles des Grecs », *jâriya min banât ar-Rûm*), attribution qui est reprise dans d'autres poèmes et qu'il faut comprendre, tel que le confirme Ibn ʻArabî lui-même, comme une allusion à la « sagesse christique » (*al-ḥikma al-ʻîsawiyya*). Examinons-en quelques exemples :

II, 6 : "C'est une évêquesse (*usqufa*) parmi les filles des Grecs, sans ornement. Sur elle tu contemples les lumières du Bien". Des vers que le commentaire précise ainsi : "Il s'agit d'une sagesse d'origine christique (*al-ḥikmat ʻîsawiyyat al-maḥtid*), d'où sa description comme appartenant à Rûm. Sans ornement, car elle se rapporte à l'essence de l'Unité (*hiya min ʻayn al-tawḥîd*), qui ne comporte aucune trace de la parure que représentent les Noms divins. Elle est de la nature de l'Essence (*dhât)*, et non des Noms (*asmâ'*) et des Attributs (*ṣifât*). Mais sur elle se manifeste le pur Bien (*al-khayr al-maḥḍ*), suggéré par les lumières, qui sont les « splendeurs ardentes » (*al-subuḥât al-muḥriqa*) [...]. Ces splendeurs font allusion aux lumières incluses dans la vertu de cette sagesse christique *(ḥikmat ʻîsawiyya*) ; aussi est-elle le pur Bien puisqu'elle se rapporte à l'Essence absolue (*al-dhât al-muṭlaqa*)".

Il n'est pas étonnant que cette sagesse liée à l'Essence soit qualifiée de christique, car, dans le soufisme, Jésus-Christ (*Sayyidnâ* ʻÎsâ) est le « Sceau de la Sainteté universelle », "et par là représentant-type — ou la manifestation directe et miraculeuse — de l'ésotérisme sous ses deux aspects d'amour et de sapience"[43]. Il s'agit donc de la sagesse propre à la « Religion du Cœur », comme nous le voyons explicitement dans les vers qui suivent ceux que nous venons de citer :

---

[43] F. Schuon, *Forme et Substance...*, *op. cit.*, p. 113.

“Elle est sauvage (*waḥshiyya*) ; à ses côtés, on ne trouve pas d'intimité (*uns*). Dans sa chambre réservée [littéralement, pour sa retraite spirituelle : *fî bayti khalwatihâ*], elle a une crypte pour le souvenir (de Dieu) (*li 'l-dhikr nâwûsâ*[44])” (II, 7). Des vers que Ibn ‘Arabî commente ainsi : “Cette sagesse christique ne permet aucune intimité, car la contemplation (de Dieu) est une extinction (*fanâ'*), et elle ne procure aucune douceur (*ladhdha)* [...]. C'est pourquoi elle est décrite comme « sauvage » [...]. Sa chambre réservée symbolise le cœur, et la retraite qu'elle y effectue exprime le regard qu'elle porte vers elle-même ; car Dieu dit [dans un *ḥadîth qudsî*] : « *Ni Ma terre ni Mon ciel ne Me contiennent, mais le cœur de Mon fidèle servant Me contient* ». Et comme ce cœur qui contient une telle sagesse essentielle et christique est entièrement libre d'attributs [*littéralement* : est dans la station de la dépossession et de la transcendance : *fî maqâm al-tajrîd wa 'l- tanzîh*], il est comme un désert, dans lequel elle se trouve comme un animal sauvage”.

Pour en revenir au point qui nous intéresse plus particulièrement, nous citerons d'autres poèmes dans lesquels on retrouve cette dualité *‘arabî — a‘jamî* et sa signification profonde :

XX, 16-18 : “Mon désir ardent persiste pour une tendre jeune fille douée de prose et de vers, du haut d'une chaire (*mimbâr)*, éloquente. Une des princesses du pays de Perse (*dâri Furs*), de la plus splendide des villes, Ispahan. Elle est une fille de l'Irâq, une fille de mon imam ; et je suis son opposé *(ḍidd*), un fils du Yémen”. Commentaire : “C'est un attribut de cette gnose essentielle (*ma‘rifa dhâtiyya)* que de posséder la

---

[44] Nous traduisons par « crypte » le mot arabe *nâwûs*, que l'on traduit habituellement par « sarcophage ». Nicholson le traduisit par *mausoleum* et Gloton a opté pour « hypogée ». *Nâwûs* est, en arabe, un emprunt au grec *naos*, temple.

prose (*nathr)* et le vers (*niẓâm*), chacun de ces deux modes de composition traduisant respectivement le limité (*muqayyad*) et l'illimité (*muṭlaq* : absolu) [...]. L'éloquence (*al-bayân)* fait référence à la station du Message (*maqâm al-risâla*) [...]. Originaire de Perse, puisque, bien qu'arabe en raison de son éloquence, elle demeure persane, donc étrangère (*fârisiyya 'ajmâ'*) en raison de son origine (*aṣl)* [...]. Ispahan est mentionnée parce que c'est sa ville d'origine [...] et que c'est par elle que l'on fait référence aux gnostiques[45] [...]. Le nom « 'Irâq » signifie la racine (*aṣl*) de quelque chose, et cette gnose provient d'une origine noble *(aṣl sharîf*), qui prime sur la mention de l'*imâma.* Mais moi je suis du Yémen (*Yaman*) sous le rapport de la foi (*îmân*), de la sagesse (*al-ḥikma*), de l'Expir du Tout-Miséricordieux (*nafas al-Raḥmân*), et de la douceur (*riqqa*) des cœurs (*afida*, pl. de *fu'âd*)".

Nous voyons donc comment cette Sagesse est douée à la fois de prose et de vers, ou, autrement dit, elle est à la fois arabe et persane ; elle possède l'éloquence, c'est-à-dire l'expression claire et distincte, mais cela n'annule pas son origine, c'est-à-dire la racine, le fondement (*aṣl*), qui garde la préséance.

---

[45] Il n'est peut-être pas inutile de rappeler ici que, selon une tradition islamique populaire, la destination des expulsés du Paradis était la suivante : "Adam a été transporté dans l'Inde, au pic d'Adam, Ève à 'Arafa, Iblîs [le Tentateur] à Djedda et le serpent à Ispahan" (Maurice Gaudefroy-Demombynes, *Mahomet*, 2e éd., Paris, Albin Michel, 1969, p. 293). Cette déconnexion entre le Tentateur et son éventuel soutien est très intéressante, car elle rendrait à ce dernier sa disponibilité primordiale, dans sa condition du "*plus rusé de tous les animaux des champs que YHVH Elohim avait créés*" (*Genèse* 3 : 1). Et le mot hébreu traduit par « rusé » — qui pourrait tout aussi bien être compris comme « intelligent » ou « astucieux » — signifie aussi « nu », et c'est le même mot qui s'applique à la condition primordiale de nos premiers parents au Paradis (*cf.* Léo Schaya, *La Création en Dieu*, Paris, Dervy, 1983, p. 454). Il est donc très significatif que cette « intelligence nue et primordiale » soit en quelque sorte liée à Ispahan.

Prenons-en un autre exemple :

XXIX, 13-14 : “Oh compagnons ! Que mon sang soit la rançon d'une jeune fille svelte qui vient me donner, à profusion, assistance et bienfaits. Mettant de l'ordre (*niẓâm*) en tout, elle est notre harmonie (*niẓâmunâ*). Arabe (*'arabiyya)* et persane (*'ajmâ'*), elle sait divertir le gnostique”.

Le commentaire précise que par « une jeune fille svelte », on entend une connaissance unique et subtile propre au *barzakh* (*ma'rifa wâḥida laṭîfa barzakhiyya* : il s'agit probablement du *barzakh* par excellence, *al-Waḥda*, le degré qui dans la métaphysique soufie se situe entre *al-Aḥadiyya*, l'Unité, et *al-Wâḥidiyya*, l'Unicité). Mais le plus important est le fragment dans lequel Ibn 'Arabî commente le deuxième vers : “La réalisation de cette connaissance se produit selon une connaissance essentielle par mon essence pour mon Seigneur et pour mon essence ; elle me réunit avec moi-même et me réunit avec mon Seigneur[46] ; et par son harmonie (*niẓâm*) tout est alors harmonisé. Car elle est arabe pour moi et à mon égard (*bî minnî*), et persane (*'ajmâ'*) dans ce qu'elle me fait connaître de mon Seigneur. [...] Elle sait détourner le gnostique de sa propre connaissance et de lui-même par la contemplation (*mushâhada*)

[46] Cet effet de réunification avec lui-même et avec son Seigneur est exprimé par Ibn 'Arabî avec un verbe de la racine *jm'*, qui comme nous l'avons vu plus haut est obtenue par permutation des consonnes de la racine qui donne *a'jamî*, entre autres. Nous trouvons d'ailleurs un écho exact de cette doctrine dans les propos suivants de Guénon : “L'« Intellect actif », représenté par *Madonna* [il se réfère à la *Madonna Intelligenza* des *Fedeli d'Amore*, dont il avait dit quelques lignes auparavant qu'elle représente l'« Intelligence transcendante », et que nous pouvons parfaitement assimiler à Nizâm], est le « rayon céleste » qui constitue le lien entre Dieu et l'homme et qui conduit l'homme à Dieu : c'est la *Buddhi* hindoue” (*Aperçus sur l'ésotérisme chrétien*, *op. cit.*, p. 49, note 1).

qui l'affecte, car la connaissance qu'on a d'une chose et la contemplation (*shuhûd*) de celle-ci ne peuvent coexister".

ꕥ

Nous croyons qu'avec ces exemples il est devenu assez clair que Ibn ʻArabî nous apporte une solide confirmation de la thèse que nous avons développée ici, car si, d'une part, le simple fait que la Sagesse essentielle se soit manifestée à un gnostique de pure lignée arabe comme Ibn ʻArabî (qui est, en plus, le « Sceau de la Sainteté muhammadienne ») sous la forme d'une jeune femme d'origine persane en constitue déjà le plus grand appui, la constatation, d'autre part, que Ibn ʻArabî a traduit ce fait dans les mêmes termes que ceux que nous avons proposés ici, offre une confirmation inestimable de notre théorie. Cela nous dispense donc de poursuivre l'argumentation dans la même ligne de pensée et il va nous permettre d'aborder toute cette question sous d'autres angles.

DEUXIÈME PARTIE :

SOUFISME ET VOCATION COLLECTIVE

I

QU'EST-CE QUE LE SOUFISME ?

La question « Qu'est-ce que le soufisme ? », qui avait encore un sens il y a quelques années, paraît désormais inutile vu le nombre et la qualité des études qui y ont déjà amplement répondu. Il est à noter, cependant, que ces réponses interprètent souvent cette question comme une interrogation sur les *origines* du soufisme ou sur sa véritable *nature*. En effet, dans la pratique, il s'agit toujours de répondre à la question : « Quelle est l'origine du soufisme ? » ou bien « Quelle est sa nature ? », interrogations qui sont intimement liées. Or il est toujours légitime de se poser ces questions, comme l'affirme F. Schuon : “L'ésotérisme islamique[47] présente une énigme du fait que, à première vue, on peut se demander à bon droit quelle est son origine et même quelle est sa nature spécifique”[48]; ou, considéré sous un autre angle : “La spiritualité islamique présente une énigme du fait que ses expressions théoriques et pratiques semblent souvent s'éloigner

---

[47] On a fait valoir que la désignation habituelle d'« ésotérisme islamique » appliquée au soufisme ne peut être attribuée à celui-ci de façon exclusive, car les gnoses ismaélienne et imamite y ont également droit ; mais il n'en est rien, puisque ces doctrines prétendent configurer, en réalité, un « islam ésotérique », c'est-à-dire un islam dans lequel la *Ḥaqîqa* prendrait la place de la *Sharî'a* ; tandis que le soufisme donne à cette dernière sa juste place, comme nous le commenterons plus loin.

[48] *Sur les traces de la religion pérenne*, rééd. Paris, L'Harmattan, coll. Théôria, p. 73, 2022.

de l'Islam tout court"[49] "sans qu'il soit question pour autant d'accepter l'hypothèse irrecevable d'emprunts au christianisme et à l'hindouisme", comme le souligne l'auteur lui-même dans une note de bas de page.

Quoi qu'il en soit, la question des origines du soufisme a fait l'objet de controverses jusqu'à une date relativement récente, opposant les représentants de la perspective traditionnelle aux orientalistes, d'une part, et ces derniers entre eux, d'autre part. Le point clé du litige était l'affiliation islamique du soufisme, inconditionnellement affirmée par les premiers et largement niée par les seconds[50]. À l'heure actuelle, ces controverses se sont définitivement éteintes, car, en général, les spécialistes modernes du sujet acceptent le point de vue traditionnel ; ou il serait préférable de dire que ceux qui traitent de ce sujet aujourd'hui sont majoritairement des auteurs qui se rattachent personnellement, d'une manière ou d'une autre, à la perspective traditionnelle.

Ainsi, la prudence la plus élémentaire conseillerait, paraît-il, de ne pas raviver cette polémique[51]. Cependant, nous croyons qu'elle était en fait fondée sur une certaine méprise et que, par conséquent, sa résolution représente également un faux accord, rendant ainsi nécessaire, sinon de la faire revivre en tant que telle, du moins d'en reprendre les termes de manière précise,

---

[49] *Approches du Phénomène religieux*, Lachapelle-sous-Aubenas, Hozhoni, 2020.

[50] Il faut mettre à leur crédit qu'ils ont bénéficié de certaines circonstances atténuantes, "du fait de la quasi-incompatibilité entre les excentricités théoriques ou pratiques de l'ascétisme soufi et le message de sobre équilibre du légalisme musulman" (F. Schuon, *Sur les traces..., op. cit.*, p. 73).

[51] Pour un résumé utile de celle-ci, voir l'article de Victor Pallejà de Bustinza « Le soufisme : les débuts de son étude en Occident », dans *La Walaya. Études sur le soufisme d'Ibn 'Arabî. Hommage à Michel Chodkiewicz*, revue Horizons Maghrébins, n° 30, hiver 1995.

nous obligeant ainsi à aller jusqu'au fond d'une question qui a été tranchée, peut-être, avant qu'elle n'aurait dû l'être.

Notre objectif à cet égard est double. D'une part, nous entendons examiner une question d'ordre terminologique non négligeable, afin de distinguer rigoureusement les différentes causes qui ont convergé pour constituer le soufisme tel que nous le connaissons ; et, d'autre part, mais lié avec ce qui précède, nous voulons proposer et argumenter une hypothèse qui, si elle s'avère valide, pourrait ouvrir des voies nouvelles et fécondes pour approcher le cœur de ce « phénomène déroutant » qu'est le soufisme comme on l'a appelé.

ꕥ

Habituellement lorsque nous nous référons à ce dont quelque chose procède, nous utilisons indifféremment des termes qui, à proprement parler, signifient des choses différentes. Ainsi, les mots « origine », « principe », « racine », « source », « cause », « fondement », « germe » et ainsi de suite sont souvent utilisés comme signifiant la même chose. Or, si en général cela est acceptable puisque la chose considérée ne présente pas le plus souvent une grande complexité « génétique », pour ainsi dire, il n'en va pas de même pour une chose aussi complexe que le soufisme, où on est obligé de caractériser adéquatement chacun des facteurs qui ont joué un rôle dans sa genèse et son développement ultérieur.

Or, il est évident qu'en général, il n'en a pas été ainsi ; et dans une première approche de la controverse à laquelle nous avons fait allusion, il est facile de voir que lorsque, du côté traditionnel, on parlait des « origines » du soufisme, on entendait généralement par là, plus proprement, ses « fondements » ou ses « supports », tandis que le même mot, utilisé par les défenseurs d'une origine extra-islamique du soufisme, avait le sens, *grosso modo,* d'« influence ». Cela est dû, bien sûr, au fait que les deux parties se référaient à des ordres de réalité différents, l'un substantiel et l'autre contingent. Ainsi, du côté traditionnel, les « origines » du soufisme se trouvaient dans la Révélation islamique elle-même, dans le sol de laquelle il plongeait ses racines, tandis que les orientalistes voyaient ses « origines » dans des doctrines spirituelles ou philosophiques étrangères à l'islam, auxquelles ils attribuaient la faculté de provoquer par leur influence l'apparition d'un mysticisme qu'ils jugeaient incompatible avec l'idée qu'ils se faisaient de l'Islam.

Nous avons donc ici, en résumé, la distinction classique entre, d'une part, une causalité intrinsèque, substantielle, et, d'autre part, une causalité extrinsèque, dans ce cas d'un ordre contingent, historique. Or, dans cette étude, qui entend s'appuyer sur la perspective traditionnelle, nous nous proposons de montrer qu'à l'apparition du soufisme ont concouru non seulement des causes intrinsèques, mais aussi des causes extrinsèques, celles-ci étant toutefois d'ordre transcendant, méta-historique ; de sorte que, même si nous semblons être d'accord avec les orientalistes par le fait d'accepter des causes extrinsèques, la nature que nous attribuons à ces causes enlève immédiatement tout soutien à leurs théories.

Quoi qu'il en soit, certaines de ces causes extrinsèques, même si elles sont réellement d'ordre transcendant, ont laissé une trace historique, et c'est celle-ci que les défenseurs de la théorie de l'« emprunt » ont prise comme source à laquelle le soufisme aurait puisé. Cela nous oblige donc à situer cette trace historique dans ses propres termes, et nous le ferons en la ramenant à la notion de « substrat ».

On sait qu'en linguistique ce mot désigne la langue qui, dans un certain territoire, a été remplacée par une autre à la suite d'une conquête ou d'une colonisation, mais qui influence la nouvelle langue en lui fournissant certaines caractéristiques particulières. Or, l'idée que quelque chose d'analogue se produit également dans le domaine de la spiritualité ne semble pas être à rejeter *a priori,* et un auteur comme Corbin, par exemple, a fortement accentué cette possibilité, qu'il rend responsable de certaines caractéristiques du chiisme — qui aurait incorporé un important héritage du mazdéisme et, en général, de la sagesse de la Perse ancienne — et aussi de certaines particularités d'un certain soufisme d'Asie centrale. Cette idée, on la trouve déjà chez le comte de Gobineau, — qui expliquait les particularités de l'islam en Perse par une sorte de survivance du mazdéisme — ce que Guénon qualifie de “purement hypothétique et même assez peu vraisemblable”, car il ne voit “aucune trace un peu précise d'une telle influence”[52].

Pour notre part, nous croyons que c'est là une hypothèse parfaitement plausible et qu'il est au moins possible qu'une telle influence ait joué un certain rôle. Mais en tout cas, ces survivances doivent nécessairement avoir un caractère strictement ésotérique. Ce que nous voulons dire, c'est que si certaines caractéristiques du chiisme ou du soufisme semblent être directement liées à certaines formes religieuses de l'Asie centrale ayant précédé l'islam, l'erreur — à notre avis — consiste précisément à les ramener à ces formes religieuses en tant que telles. Il n'y a pas de « transfert » de formes : si, par exemple, certaines caractéristiques du chiisme se retrouvent déjà dans le mazdéisme, il faut penser que dans ce dernier elles répondaient déjà à un « substrat » antérieur qui s'est simplement matérialisé d'une certaine manière en lui, ce qui ne signifie donc pas qu'il en était le créateur.

Bref, ce qui nous apparaît comme un « substrat » est en réalité la couche la plus primordiale (ou, mieux, relativement

---

[52] *Études sur l'hindouisme*, nouvelle édition, Paris, Éditions Traditionnelles, 1989, p. 120 [compte rendu de *Les Religions et les philosophies dans l'Asie centrale*].

primordiale) d'une aire historico-géographique donnée, une couche qui passe simplement par différentes étapes, lesquelles l'obligent à prendre des formes différentes, même si elle y est toujours reconnaissable. Par « relativement primordiale », nous faisons référence à la doctrine de Guénon sur les « centres spirituels secondaires » établis en phases successives moins primordiales et dans lesquels, bien qu'étant une image du Centre suprême, la Tradition pouvait déjà prendre des formes différentes. Et rappelons que, selon Guénon, la constitution des centres spirituels secondaires de diverses périodes "est en étroit rapport avec celle même des langues destinées à servir de « véhicules » aux formes traditionnelles correspondantes"[53].

Et ce que nous soutenons concrètement, c'est que le « sceau » de chacun de ces centres secondaires conserve un certain type de latence, qui se manifeste comme le « substrat » qui, entre autres, informe la spiritualité qui se développe dans le « secteur » sur lequel s'étend son autorité[54].

---

[53] *Cf.* « La science des lettres » (*'Ilmu-l-hurûf*), *Voile d'Isis*, février 1931).

[54] Et c'est aussi ce « sceau », à notre avis, qui empêche mystérieusement une œuvre missionnaire qui n'est pas providentiellement destinée à une certaine région. Nous nous référons au sujet — magistralement traité par Schuon dans *De l'Unité transcendante des Religions*, Paris, L'Harmattan, 2014 — de ce qu'il appelle « les limites de l'expansion religieuse », suggéré en particulier par le passage suivant des Évangiles : "*Lorsqu'ils eurent traversé la Phrygie et le pays de Galatie, le Saint-Esprit leur défendit d'annoncer la parole en Asie*" (*Actes* XVI, 6). Cette « interdiction » peut être comprise, bien sûr, comme un obstacle que la Providence a placé sur le chemin de l'expansion du christianisme dans une région qui était destinée à l'islam, mais nous croyons qu'elle peut également être comprise comme reflétant une incompatibilité substantielle entre la nouvelle forme de spiritualité que le christianisme naissant représentait et le « génie » spirituel de la région en question ; et même, peut-être (et cette interprétation n'exclut pas l'autre), elle peut être comprise dans le sens d'une « protection » pour le christianisme lui-même qui risquait, justement, d'incorporer de nombreux éléments de ce « substrat » et de perdre

Quoi qu'il en soit, dans cette question de l'action possible d'un fonds conservé des âges révolus, personne ne semble trouver problématique de constater, par exemple, l'influence sensible du substrat dans la constitution de l'Église d'Irlande, "ce monde mystérieux et printanier qui apparaît comme une sorte de dernier prolongement de l'âge d'or"[55]. Et nous ne voyons pas pourquoi on doit considérer comme problématique d'accepter quelque chose d'analogue pour le soufisme, ou du moins pour un certain soufisme. Les conditions dans de nombreuses régions où il s'est d'abord développé étaient en ce sens extraordinairement favorables, pour dire le moins.

Et nous trouvons par exemple, dans la bouche d'un auteur contemporain qui fait autorité en la matière, des propos comme ceux-ci : "La retraite spirituelle (*i'tikâf* ou *khalwah*) est en fait pré-islamique et on peut dire qu'elle marque une continuité entre l'ésotérisme abrahamique et l'ésotérisme islamique"[56].

Et ce qui est dit ici de la *khalwa* (qui est certainement un élément essentiel de la méthode soufie dans de nombreuses *ṭuruq*) pourrait probablement être étendu à d'autres aspects du soufisme, tels que les différents types de *samâ'* qui sont également pratiqués dans certaines *ṭuruq*, dont certains, sinon tous, pourraient provenir, par une voie ininterrompue (bien que cachée aux yeux de l'historien), de temps très reculés. Jean During, qui analyse cette question, parle de plusieurs précédents, dont l'un serait la danse extatique pratiquée par les Messaliens, même si,

---

ainsi sa spécificité : vu de ce point de vue, le manichéisme, par exemple, pourrait n'être qu'une sorte de christianisme « victime » de ce substrat.

[55] F. Schuon, *Sentiers de Gnose*, rééd. Paris, L'Harmattan, coll. Théôria, 2023, p. 126, n. 6. Et cette évocation semble aussi offrir une confirmation de notre théorie de la primordialité du substrat.

[56] Abu Bakr Siraj ed-Din, « *The Nature and Origin of Sufism* » *in* Seyyed Hossein Nasr (ed.), *Islamic Spirituality : Foundations*, New York, Crossroad, 1997, p. 416.

dit-il, "aucune source ne nourrit l'hypothèse d'une continuité entre ces pratiques et la coutume du *samâ'* ", ce qui ne l'empêche pas d'ajouter, un peu plus loin, que "l'idée du *samâ'* remonte à un passé immémorial (peut-être même au temps des religions chamaniques)" et que "dès le début, le *samâ'* apparaît donc comme un phénomène « oriental »"[57].

Pour sa part, une autre grande autorité mondiale sur les questions islamiques, et en particulier sur le soufisme, Seyyed Hossein Nasr, a consacré il y a quelques années une étude[58] au sujet de la continuité dans la civilisation iranienne, où il souligne la continuité « horizontale » que l'on pouvait observer chez les habitants du plateau iranien tout au long de leur histoire millénaire, à côté de la continuité « verticale » ou « essentielle », en affirmant, par exemple, que "le mithraïsme, le manichéisme et le zurvanisme ont tous surgi du même fond zoroastrien ou, plus généralement, du même fond aryen matinal (*sic*)" (p. 508). Nasr affirme également dans cette étude que de nombreux liens unissent l'Iran zoroastrien à la Perse islamique, et parmi eux il choisit de traiter de la cosmographie, où cette continuité est particulièrement évidente. En effet, la cosmographie islamique traditionnelle s'inspire directement de l'héritage de la cosmographie zoroastrienne — étroitement liée à l'angélologie — notamment en ce qui concerne sa doctrine des sept *keshvar-s* ou « climats » du monde, qui sont l'image terrestre des sept sphères célestes.

Et dans cet ordre d'idées, il faut noter que pour les cosmographes islamiques toute la vaste région qui constitue le plateau

---

[57] Toutes ces citations, extraites de "Musique et rites : le *samâ'*", *in* Alexandre Popovic et Gilles Veinstein (eds.), *Les Voies d'Allah. Les ordres mystiques dans l'islam des origines à aujourd'hui*, Paris, Fayard, 1996, p. 159.

[58] "Cosmographie en Iran pré-islamique et islamique, le problème de la continuité dans la civilisation iranienne", dans *Arabic and Islamic Studies in honour of Hamilton A. R. Gibb*, Leiden, Brill, 1965, pp. 507-524.

iranien occupait précisément le *keshvar* central, et il est significatif à cet égard qu'un hispano-musulman, Sa'îd de Tolède, originaire du Maghreb, ait dit dans sa célèbre *Tabaqât al-Umam* (« Catégories des Nations ») que parmi les « nations » (*umam)* dans lesquelles le monde ancien était divisé, la région perse (*al-Furs*) — qui s'étendait de l'Arménie aux oasis de Tachkent et à la vallée de la Ferghâna — constituait *al-umma al-ûlâ* (« la première nation » ou « la nation primordiale »), une opinion qui en dit long sur la perception de l'islam médiéval à ce sujet et qui présente un intérêt évident pour notre propos.

Toujours dans cette idée de l'action du substrat — liée, comme nous l'avons dit, à un certain centre secondaire, ou, selon ce que nous venons de voir, à un certain *keshvar* — nous voudrions nous référer au fait bien connu que le soufisme d'Asie centrale, et plus tard aussi celui de l'Inde — ou particulièrement celui-ci — a incorporé dès ses débuts certaines pratiques qui n'avaient pas d'équivalent dans le soufisme occidental, mais qui en avaient, cependant, avec celles des anciennes religions des régions en question. Nous nous référons, en particulier, aux pratiques « yogiques » observées dans les ordres particulièrement liés à ces zones, notamment les techniques de retenue du souffle, qui sont présentes même dans les branches orientales des ordres originaires d'Occident. Or, Carl W. Ernst, qui a étudié cette question en profondeur, arrive à la conclusion que l'on ne peut pas dire que le *yoga* indien ait réellement influencé l'adoption de ces pratiques par certains ordres soufis, d'où il faut déduire que l'influence en question se trouve dans ce « sceau » dont nous avons parlé, à l'action duquel (bien que certainement mystérieuse) doit être rapportée, alors, l'origine de celles-ci. Et, en fait, il faut souligner que la présence de pratiques yogiques dans l'hindouisme lui-même n'est que la perpétuation de quelque chose qui était déjà là avant les invasions aryennes, comme on le sait.

En fait, plutôt que de parler de l'extraordinaire plasticité du génie hindou, capable d'embrasser sans problème toutes les possibilités spirituelles, il faudrait peut-être parler de l'extraordinaire plasticité du *sol* indien, car le soufisme développé sur ce sol présente la même capacité à intégrer les possibilités les plus variées. J. Spencer Trimingham soulignait déjà cette particularité dans son célèbre ouvrage *The Sufi Orders in Islam*[59]: "La réponse que les groupes régionaux ont donnée au soufisme dans ses différentes manifestations a considérablement varié [...] (et) la réaction des peuples du sous-continent indien ne nous offre pas la moindre possibilité de définition précise, car son éventail hétérogène couvre toutes les variétés d'expression soufie d'une façon inconcevable ailleurs" (p. 219). Et un peu plus loin, il précise : "La même *ṭarîqa* pouvait adopter des formes complètement différentes selon les pays, aussi bien dans les doctrines que dans les rites. Il y a une grande différence entre la Qâdiriyya du Maghreb et celle de l'Inde. La pensée de qâdirîs indiens comme Mîyân Mîr [un des maîtres de Dârâ Shukôh] est inconcevable pour les Marocains, sans parler des pratiques yogiques" (p. 220).

Cela nous amène à la conclusion — exprimée en particulier par Ali Fahmi Khushaim, qui cite ces paroles de Trimingham — que "certaines idées sont largement acceptées dans certaines régions parce qu'elles trouvent un terrain favorable pour se développer, tandis qu'elles sont rejetées dans d'autres parce que les conditions de base nécessaires ne sont pas présentes"[60].

Mais laissons maintenant cette question et revenons au fil précédent.

ɞ

[59] New York, Oxford University Press, 1971.

[60] *Zarrūq the Ṣūfī*, Tripoli, General Company for Publication, 1976, p. 99.

On sait que les premières générations d'orientalistes, tout en divergeant entre elles quant aux doctrines qui selon leur perspective auraient pu influencer l'apparition du soufisme, étaient assez unanimes pour rapporter celui-ci surtout à la Perse, où un autre phénomène religieux tout à fait unique pour eux, le chiisme, leur semblait être à la base du premier ou du moins lui être solidaire. Il est significatif à cet égard que le premier ouvrage entièrement consacré en Occident au soufisme, paru en 1821 à Berlin et dû à la plume de F.A.G. Tholuck, était précisément intitulé *Ssufismus sive Theosophia Persarum pantheistica*, où l'on peut voir l'origine de l'orientation particulière donnée aux études sur le soufisme en Occident. Et même en 1958, René Grousset, prestigieux historien français spécialiste de l'Asie, pouvait affirmer que le soufisme était une “tendance mystique extrême du chî'isme persan”[61].

Cette opinion est aujourd'hui absolument discréditée, bien sûr, et était incontestablement le résultat d'une vision superficielle du sujet. Marijan Molé déclarait déjà en 1965 : “Les travaux de Massignon ont apporté une démonstration éclatante du caractère islamique du soufisme et de son caractère autochtone. Leur résultat ne saurait être mis en doute ; et le soufisme ne pourra jamais être compris si l'on ne tient pas compte du fait qu'il est, tout d'abord, de l'islam”[62]. Mais cela ne légitime pas des « explications » simplistes comme celle que nous trouvons dans l'ouvrage de Trimingham cité plus haut : “Le soufisme était un développement naturel au sein de l'Islam, ne

---

[61] *Histoire de l'Asie*, Paris, P.U.F., « Que sais-je ? », p. 94.

[62] *Les Mystiques musulmans*, Paris, P.U.F., 1965, p. 24. Cela ne l'a cependant pas empêché de prendre en considération la possibilité que le soufisme ait subi certaines influences dans sa formation. Il convient de remarquer, en particulier, ce qu'il dit de l'influence de l'ascétisme syrien sur la voie de la *malâmatiyya*.

devant pas grand-chose aux sources non-musulmanes" (p. 2), qui vue superficiellement peut sembler suffisante, mais qui révèle, si on l'observe attentivement, son énorme ambiguïté. En effet, quel type d'*explication* constitue cette notion de « développement *naturel* », et que signifie « ne devoir *pas grand-chose* » aux sources non islamiques ? Nous convenons que le but de Trimingham dans cet ouvrage — comme il l'avoue lui-même — n'était pas d'expliquer les origines du soufisme ; ce que nous critiquons, c'est qu'en général ce genre d'« explications » est accepté comme satisfaisant.

Nous avons dit précédemment que la vision des orientalistes était superficielle, mais ceci révèle qu'*à la surface*, précisément, quelque chose est apparu qui a donné des raisons de la soutenir, de façon justifiée ou non. Et si nous observons le « paysage » extérieur du soufisme historique, nous trouvons, en particulier, deux composantes qui ne peuvent être attribuées à une simple coïncidence et qui ont besoin d'une interprétation plus profonde. Il s'agit, d'une part, de l'origine persane de bon nombre des soufis les plus célèbres et, d'autre part, de l'indéniable inspiration soufie de toute la littérature persane classique.

En ce qui concerne le premier point, nous constatons que, de la grande floraison de maîtres spirituels célèbres que le soufisme nous offre dans ses origines, le plus grand contingent est persan. Persan (de Nehavend) était le père du soufisme spécifiquement « arabe » : Junayd, qui en terre arabe, à Bagdad, donna forme à l'une des branches originelles du soufisme organisé, laquelle est considérée, pour cette raison, comme typiquement arabe, par opposition à l'école du Khorassan, l'autre grande branche originelle, remontant à Bistâmî, qui est considérée comme spécifiquement persane. Persan (de Jilân) était le saint peut-être le plus populaire de tout l'Islam, 'Abd al-Qâdir al-Jilânî, *Sîdî Baghdâd*, comme on l'appelle au Maroc. Persans sont les deux Ghazâlî, Abu Hamid, le célèbre soufi-théologien, et Ahmad, l'un des plus grands représentants de la voie spécifique d'amour. Persan était Qushayrî, le « Maître » (*al-Ustadh)* par excellence, auteur de la célèbre *Risâla* qui est un classique pour les soufis eux-mêmes. Le persan Hakîm Tirmidhî fut le premier à relever ce qui est devenu un point essentiel de la doctrine soufique : la *wilâya.* Persan était aussi Rûmî, peut-être le soufi le plus universellement connu. À cette liste il convient d'ajouter les noms de la plupart des fondateurs des *ṭuruq* : Bahâ'u 'd-Dîn Naqshbandî, Najm ad-dîn Kubrâ, Abû Hafs al-Suhrawardî, etc., ainsi que ceux de personnages aussi importants que Ansârî, Abî 'l-Khayr, ʻAyn al-Qudat al-Hamadanî, al-Hallâj, al-Tustarî, et tant d'autres.

Il ne s'agit pas, bien sûr, d'établir un critère purement quantitatif, ce qui serait ridicule dans un tel domaine, mais de souligner qu'ici le nombre peut être l'expression d'une vocation collective. Car il faut dire, à cet égard, que l'on néglige souvent la possibilité qu'une vocation spirituelle puisse être celle de toute une collectivité. Nous laisserons toutefois l'analyse de ce point pour un peu plus tard, et nous nous intéresserons maintenant à ce qui a trait à la littérature persane classique.

☙

Il est bien connu que le soufisme a complètement dominé cette littérature pendant plus de trois siècles (du XIIe au XVe), inspirant directement des ouvrages d'une valeur inestimable, tant en vers qu'en prose, et laissant une trace indélébile sur la littérature persane dans son ensemble. En effet, cette littérature, surtout en vers[63], a été nourrie par le souffle du soufisme, dont la perspective s'est traduite par des images qui sont devenues des classiques du symbolisme mystique universel. Des noms comme

---

[63] Rappelons que le vers actualise le « langage des oiseaux ».

ceux de Rûmî, 'Attâr, Shabistarî, Saadi, Nizâmî, 'Iraqî, Sana'î et Jâmî sont entrés de plein droit dans l'histoire de la littérature universelle pour la grande qualité de leurs œuvres ; des œuvres où l'allégorie mystique s'exprime dans une langue d'une qualité exceptionnelle, ce qui a amené beaucoup à considérer le persan comme la plus belle langue de l'humanité. Le phénomène était d'une telle ampleur, en fait, qu'il ne pouvait qu'excuser les érudits qui en déduisaient que le soufisme était essentiellement un mouvement mystique perse. Et, en réalité, le fait que de nombreux soufis ayant atteint un haut degré de réalisation spirituelle étaient en même temps de grands écrivains (surtout des poètes) en langue persane est un élément qui mérite une attention particulière, car il paraît y avoir un besoin d'extérioriser quelque chose qui serait inscrite dans la partie la plus intime de leur expérience spirituelle, peut-être informulée, mais qui pourrait être traduite de la façon la plus naturelle avec cette forme littéraire, étant donné que, en même temps, ces auteurs écrivaient habituellement leurs traités doctrinaux en arabe.

Nous quitterons ce point avec cette belle citation de S. H. Nasr qui d'une certaine manière le résume parfaitement : "La Perse a toujours été l'une des principales régions où le soufisme s'est épanoui, et certains des plus grands saints et sages soufis étaient originaires de cette terre ; sans parler des créations poétiques des soufis persans, qui ont transformé la vie religieuse et spirituelle d'une grande partie de l'Asie. Le parfum du soufisme peut être perçu dans presque toutes les manifestations de la culture persane"[64].

Mais nous allons maintenant laisser tout cela pour passer à une réflexion sur certains points fondamentaux qui doivent être considérés en premier lieu. Réflexion qui, comme nous l'avons

---

[64] « Sufism and Spirituality in Persia », *in* Seyyed Hossein Nasr (ed.), *Islamic Spirituality : Manifestations*, New York, Crossroad, 1997, p. 206.

dit, vise en fait à se mouvoir dans le cadre des notions traditionnellement admises en la matière, raison pour laquelle — et en guise de préparation à notre argumentation ultérieure — nous les rappellerons d'abord brièvement, nous efforçant d'en être au moins de fidèles interprètes [65].

[65] La profusion et (bien souvent) la grande qualité des études existantes, qui donnent une explication plus que complète de ces notions, sembleraient pouvoir nous dispenser de ce rappel, qui nous jugeons toutefois nécessaire pour mieux assurer le fil du discours.

II

PRINCIPES DU SOUFISME

Expression islamique de l'unique et éternelle quête spirituelle, comme Un et Éternel l'est son but, le soufisme est, en principe, du moins, suffisamment défini de cette façon ; mais, en tant qu'image de cet océan de l'Unité infinie auquel il aspire, le soufisme est un océan humainement inépuisable, qui offre à l'analyse tout un éventail d'aspects. De toute façon, ces aspects gardent une homogénéité qui assure au soufisme une parfaite indépendance par rapport aux autres expressions de cette quête, homogénéité qui lui est octroyée précisément par sa référence explicite à l'islam, ou du moins à ce qui est essentiel en celui-ci.

Cependant, homogénéité ne signifie pas uniformité dans toutes ses manifestations, et la cohérence interne du soufisme n'est pas affectée par le fait qu'il adopte une variété de formes, ce qui nous oblige à éviter les réductionnismes simplificateurs lorsque nous l'étudions.

Traditionnellement, en Islam, *al-taṣawwuf*[66] s'identifie à *al-iḥsân* (la « bonne action »), qui intègre, avec *al-islâm* et *al-îmân*, ce ternaire dans lequel, selon le célèbre *ḥadîth Jibrâ'îl,* consiste *al-Dîn*, la Religion intégrale. D'une racine qui exprime l'idée de « beauté » et de « bien »[67], *al-iḥsân* est le « bel-agir »,

[66] *Soufisme* est, comme on le sait, un terme occidental formé à partir du mot *ṣûfî*, et ce dernier ne désigne proprement que celui qui a atteint la réalisation effective dans la voie du *taṣawwuf.*

[67] Dans de nombreuses langues, surtout classiques, comme par exemple le grec, ces deux idées trouvent aussi leur expression dans un seul mot ; et l'anglais lui-même en a encore dans le mot *fair* un bon exemple, car il recouvre les notions de « beau », « bonne disposition » et « bonne action ».

l'« action belle tendant au bien »[68], résultat de cette « beauté de caractère » *(ḥusnu 'l-khulq)* qui n'est que le reflet dans l'âme humaine de Celui qui est beau et aime la Beauté (*Allâhu jamîlun yuḥibbu 'l-jamâl*), de Celui à qui appartiennent les plus beaux Noms (*al-asmâ'u 'l-ḥusnâ*). Mais, en même temps, *al-iḥsân* inclut l'idée de « perfection », d'« excellence », que « Dieu a prescrit en toute chose » (*Allâhu kâtaba 'l-iḥsâna 'alâ kulli shay'in*) selon un autre *ḥadîth* célèbre. Ainsi, *al-iḥsân* est compris comme la perfection d'*al-islâm* (ce qui doit être accompli) et d'*al-îmân* (ce qui doit être cru), et il coïncide avec la sincérité *(ṣidq)* dans ces deux facettes, ce qui donne lieu, chez celui qui l'a parfaitement réalisé, à sa double dimension de saint et de sage respectivement.

En tout état de cause, l'équation *taṣawwuf* = *iḥsân* ne s'impose pas forcément *a priori*, car si le musulman moyen "sait [...] que le *taçawwuf* est la voie de ceux qui cherchent Dieu et qui possèdent une science mystérieuse, subtile, parfois paradoxale, et difficilement accessible"[69], il n'interprète pas par là, s'il est pieux, qu'il ne réalise pas l'*iḥsân*. Tout est ici une question de mentalité. Pour une vision exotérique, essentiellement volontariste et formaliste, la perfection de la Loi religieuse réside, objectivement, dans une exécution exacte (voire méticuleuse) et exhaustive de ses dispositions, et, subjectivement, dans l'« intensité » avec laquelle on se voue à cette exécution[70] ; et c'est cette vision que l'on retrouve, mêlée à des formulations intrinsèquement ésotériques, dans ce « soufisme moyen » auquel F. Schuon a si souvent fait référence.

---

[68] Selon le point de vue traditionnel, il n'y a pas de beauté dans une action qui n'a pas le Bien pour but ; seule l'« action avec vertu » dont parle Dante est belle (*cf. Convivio*, 4, VI, 14).

[69] F. Schuon, *Perspectives spirituelles et faits humains*, Lachapelle-sous-Aubenas, Hozhoni, 2020, p. 123.

[70] Cela n'empêche pas l'intensité, ou la ferveur, d'avoir sa place dans une voie strictement initiatique.

Cette attitude, qui traduit, comme nous l'avons dit, la vision exotérique des choses, néglige toutefois le fait que les prescriptions divines ont essentiellement une qualité transformatrice, car, contrairement à ce que croit l'exotériste, elles ne dépendent précisément pas d'une volonté pratiquement arbitraire de Dieu, mais sont ancrées dans la Vérité, qui dissipe l'erreur dans laquelle l'homme est plongé non seulement au niveau intellectuel, mais surtout existentiel. Or, cette Vérité à laquelle se réfèrent les prescriptions religieuses est, justement, ce qui est parfait en elles, puisqu'elles ne peuvent être parfaites sur leur propre plan, qui est humain. Par conséquent, atteindre la perfection de la Loi religieuse, c'est atteindre ce qui est parfait en elle, c'est-à-dire sa Vérité, sa *Ḥaqîqa* ; et c'est à cela qu'aspire le soufi.

Et comme cette Vérité se situe intuitivement pour l'homme « à l'intérieur », le critère ici ne sera donc pas celui de l'« intensité », mais celui de l'« intériorité ». En effet, c'est cette dernière qui définit subjectivement, dans son ensemble, ce phénomène complexe qu'est le soufisme, qui ne serait rien d'autre que la vocation d'intériorité vécue dans le cadre de l'Islam ; et l'apparente incohérence que l'on peut observer dans les différentes manifestations historiques du soufisme n'est due, en définitive, qu'aux différentes façons de comprendre et de réaliser cette vocation.

Tout cela signifie que la notion d'*al-iḥsân* conduit nécessairement à l'ésotérisme, car seul l'ésotérisme peut répondre pleinement à son exigence[71] ; et donc seul le soufi accompli a absolument droit à la désignation de *muḥsin* (celui qui a réalisé l'*iḥsân*), ainsi qu'à celle de *ṣiddîq* (« sincère »). De toute façon, l'ésotérisme, ou plutôt sa nécessité, sera toujours remis en

[71] Et c'est ce qui permet d'affirmer que "*ihsân* et *taçawwuf* (« soufisme ») sont synonymes" (F. Schuon, *Comprendre l'Islam*, *op. cit.*, p. 164, n. 4).

question par cette mentalité pour laquelle la piété obéissante et l'effort méritoire prennent la place de l'intellection, qui apparaît à leurs yeux, dans le meilleur des cas, comme un luxe ; une mentalité qui ignore sciemment que "*le Père veut des adorateurs en esprit et en vérité*" (cf. *Jean* 4 : 23-24), c'est-à-dire ceux qui font "*la volonté du Père qui est dans les Cieux*" (cf. *Matthieu* 18: 14).

Or, cette Volonté divine à laquelle ce passage de l'Évangile fait allusion est la « Volonté instauratrice » (connue dans le soufisme sous le nom d'*al-mashî'a*, terme que certains, à juste titre croyons-nous, rapprochent de celui de *dharma* dans l'hindouisme), qui est d'un ordre beaucoup plus universel que celle qui se concrétise dans les dispositions religieuses, et qui est même supérieure à la « Volonté normative » (*al-irâda*)[72].

Faire la Volonté du Père, c'est donc, vraiment, répondre pleinement à cette instauration primordiale qui fait de l'homme un être théomorphe destiné à être le centre de la création. L'homme ainsi compris est ce qui permet et assure la liaison effective de toutes choses avec le Principe unique (son pouvoir de les « nommer » y est directement lié), et son « agir » est donc tout entier dans le fait d'« être » ce pôle fixe et immuable. Toute action extérieure est donc fonction de cet « être » et ne peut avoir une validité autonome, principiellement parlant.

La vocation originelle de l'homme, c'est-à-dire ce qui l'origine en tant que tel, est donc cette réponse à la Volonté divine instauratrice, réponse qui se concrétise dans le « Pacte primordial » (*al-'aqd al-awwal*) dont parle le Coran, qui fait que l'homme s'intègre au Prototype éternel de toutes choses, dont il

---

[72] Ibn 'Arabî dit que cette préséance absolue d'*al-mashî'a* est exprimée dans le verset suivant : "*Notre Parole précède bien Nos serviteurs, les messagers*" (Coran 37 : 171). [*cf.* Ibn 'Arabî, *Traité de l'amour*, Paris, Albin Michel, 1986, p. 108].

est le reflet direct, et non par participation comme celles-ci. Dans cette perspective réaliser l'*iḥsân* sera donc, à un certain égard, partir du principe que l'islam en tant que religion historique est construit sur le prototype de toute religion, sur cette Religion éternelle (*al-dîn al-qayyim* = *Sanathana Dharma*) à laquelle le Coran se réfère et qui n'est rien d'autre que la relation qui relie tous les degrés de l'Existence universelle entre eux ainsi qu'à son Principe. Or, au-delà de sa conformité à une Loi révélée spécifique, l'homme, en tant que tel, se doit à la Réalité totale dont il est le reflet, et sa tâche fondamentale est donc de ramener toutes choses à leur perfection ultime autant qu'originelle, c'est-à-dire à l'unique Principe ; et il y parvient en réintégrant l'être contingent qu'il est lui-même en tant qu'individu dans sa propre Norme originelle.

À cet égard, il existe un verset coranique (4 :125) dans lequel on peut voir la confirmation, non seulement que l'*iḥsân* correspond à ce qu'il y a de plus profond dans l'observance de la religion — et donc s'identifie, par définition, à *al-taṣawwuf* — mais, en outre, que l'*iḥsân* est en fait identifié à la *Religio perennis* elle-même. Ainsi, le verset en question dit bien : “*Qui est meilleur* (*aḥsan*, de la même racine qui donne *iḥsân*) *en religion que celui qui soumet sa face* (*aslama wajhahu*, c'est-à-dire son être le plus intime) *à Dieu et est* (ainsi) muḥsin (c'est-à-dire celui qui accomplit *iḥsân*), *et suit la Tradition d'Abraham (millat Ibrâhîm), qui était* ḥanîf ? ” Nous voyons ici, en effet, comment les notions de *muḥsin* et de *ḥanîf* sont mises sur le même plan, de sorte que l'on peut affirmer que pour pratiquer véritablement la religion en tant que *ḥanîf* à partir de la forme islamique de la Religion Unique, il est nécessaire d'entrer dans la dimension de l'*iḥsân*.

ഗ

Dans le soufisme nous trouvons un schéma classique qui, dans sa simplicité, rend parfaitement compte de cette question que nous sommes en train d'analyser. Il s'agit de la division de la Religion intégrale en trois dimensions : la *Sharî'a* (la Loi extérieure), la *Ḥaqîqa* (sa Réalité essentielle, qui coïncide en essence avec la Vérité absolue : *al-Ḥaqq*) et la *Ṭarîqa* (la Voie qui permet d'aller de la première à la seconde). Et ce sont donc la doctrine et les méthodes de cette dernière qui définissent objectivement le soufisme.

Or si la finalité de la réalisation spirituelle est de « devenir ce que nous sommes », de sorte que l'on peut parler d'autant de « chemins » que de « voyageurs » (*aṭ-ṭuruq ilâ 'Llâhi ka-nufusi banî Adam* : "Les voies vers Dieu sont aussi nombreuses que les âmes des fils d'Adam)"[73], dans la pratique ces chemins sont généralement intégrés dans les *ṭuruq* historiquement organisées comme telles. En effet, il faut distinguer la *Ṭarîqa* comme réalité universelle qui est effectivement là dans chacune de ces « voies » individuelles de chaque âme vers son « Seigneur », et la *ṭarîqa* en tant qu'organisation de la vie spirituelle par un maître particulier. Ainsi, l'aspirant à suivre la Voie doit s'intégrer dans une *ṭarîqa* particulière, dont le maître assume à son égard le rôle de guide et, plus encore, celui de personnification de la propre réalité intérieure du disciple, de son Soi.

Or cette organisation de la vie intérieure n'apparaît pas dans « l'âge apostolique » de l'islam, ce qui a permis aux orientalistes d'en déduire qu'à ses origines celui-ci était exclusivement légaliste et que le mysticisme que nous voyons apparaître plus tard était d'origine extra-islamique. En réalité, ce qui se passait c'est qu'à cet âge-là la substance du soufisme était répandue dans toute la communauté, qui y participait à des degrés divers, mais

---

[73] Et aussi Coran 5: 48 : "*À chacun de vous Nous avons assigné un chemin* (shir'a) *et une voie* (minhâj)".

toujours directement; toutefois lorsque se produisit l'obscurcissement progressif de la lumière qui baignait la communauté primitive, on a naturellement ressenti le besoin de formaliser l'aspiration à l'intériorité, qui à partir de ce moment devenait réservée à un nombre restreint de personnes.

Voyons ce que dit Seyyed Hossein Nasr à ce sujet : "À l'époque du Prophète, alors que — pourrait-on dire — les portes du Ciel étaient ouvertes, l'intensité même de la vie spirituelle et la proximité de la source de la Révélation ne permettaient pas une séparation totale de la Tradition en ses composantes exotérique et ésotérique, ou *Sharî'a* et *Ṭarîqa,* bien que celles-ci aient existé en essence dès le début. L'ensemble de la Tradition était d'abord comme de la lave à l'état de fusion, et elle ne s'est pas « figée » et séparé en ses différents éléments avant que l'influence du temps et les conditions corruptrices de ce monde ne l'aient progressivement « refroidie » et « solidifiée »"[74].

Et cette formalisation dont nous avons parlé se concrétisa déjà très clairement avec la figure de Junayd, à qui l'histoire attribue la paternité de l'organisation du soufisme en ordres définis et avec des pratiques précises. Cela conduira al-Hujwîrî, le célèbre soufi persan du Xe siècle, à déclarer dans son *Kashf al-Maḥjûb* (en paraphrasant en réalité une citation d'Abu 'l-Hasan Fûshanjî) qu'"au temps des Compagnons [...] ce nom [soufisme] n'existait pas, mais sa réalité était partout ; maintenant le nom existe, mais pas sa réalité", affirmation sans doute excessive dans sa littéralité, mais qui exprime la conscience d'un déclin important par rapport à la vie spirituelle de l'âge apostolique.

En réalité, la classification ternaire de la Religion en Loi extérieure, Vérité intérieure et Voie qui les unit est conventionnelle et s'établit *a posteriori*, pourrions-nous dire, et selon la

---

[74] *Three Muslim Sages*, Cambridge, Massachusetts, Harvard University Press, 1964, pp. 83-84.

situation *de fait* qui se produit lorsque ces conditions normales de l'âge apostolique disparaissent. En cet âge, aucune division de ce genre ne peut être établie, car la *Risâla* (la Révélation en tant que telle) est vécue dans son unité primaire indifférenciée, comme l'expression qu'elle est de la Réalité entière dans son unité.

Et en effet, si dans les premiers siècles on ne peut pas parler de soufisme organisé, on ne peut pas non plus parler, à vrai dire, d'Islam légaliste, car comme nous le rappelle également S. H. Nasr, "pendant les deux premiers siècles [...] il n'y avait ni école juridique définitivement codifiée, ni confrérie ou ordre soufi clairement organisé. Nous notons également qu'au IIIe/IXe siècle, les écoles juridiques, ou *Sharî'a*, ont été codifiées au moment même où le soufisme commençait à se manifester comme un élément distinct au sein de la communauté islamique" (*id.*, p. 84).

Nous pourrions aussi intercaler ici quelques précisions — très pertinentes à notre avis — quant au parfait parallélisme que l'on peut observer entre la tendance fondamentale qui détermine à chaque époque, en islam, le caractère des doctrines théologiques et celui des doctrines soufies. Ainsi donc, nous voyons que dans une première époque c'est la crainte (*makhâfa*) qui marque à la fois le caractère de la spéculation théologique (comme nous le trouvons chez les mu'tazilites) et celui de la doctrine soufie, caractérisée à ce moment-là par l'accent mis sur l'ascétisme (*zuhd)* ; dans une seconde époque c'est l'amour (*maḥabba*) qui marque les doctrines des soufis et aussi le volontarisme occasionnaliste des théologiens ash'arites (qui est une forme d'amour exclusif de Dieu) ; et c'est enfin la gnose (*ma'rifa*), dans une troisième époque, qui caractérisera la doctrine soufie et aussi, d'une certaine manière, la spéculation théologique avec la figure d'al-Ghazâlî. Or cette répartition en phases successives exige, au moins en ce qui concerne le soufisme, une précision importante ; car “on a prétendu, avec une assurance quelque peu surprenante, que le Soufisme originel ne connaissait que la crainte ; que le Soufisme d'amour est plus tardif, et plus tardif encore celui de la gnose ; et on n'a pas manqué de présenter cette succession comme une évolution dont on a attribué les phases à des influences étrangères. En réalité, ce déroulement en trois phases est une projection cyclique normale des virtualités spirituelles de l'Islam ; ce qui en principe est de l'ordre le plus élevé doit se manifester — au point de vue de l'accentuation générale — en dernier lieu, ce qui peut évidemment donner l'illusion d'un progrès quand on ignore les raisons profondes du phénomène, et qu'on ignore également que les trois éléments — crainte, amour, connaissance — existaient nécessairement dès l'origine, et avant tout dans la personne même du Prophète, comme l'attestent le Koran et la Sounna, sans quoi ils n'auraient pas pu s'épanouir plus tard sous des formes spécifiques de doctrine et de méthode”[75].

ഗ

Après cette parenthèse, et en revenant aux propos de S. H. Nasr, nous dirons que cela nous permet de déduire, comme corollaire concret, que s'il est légitime de parler de « vocation d'intériorité » au sein de l'islam en ce qui se rapporte au soufisme, il le serait également de parler de « vocation d'extériorité » par rapport à l'islam légaliste, observation qui ne peut être négligée et qui nous obligerait à remettre en question de nombreuses idées habituelles sur l'islam ; outre le fait qu'elle constitue, peut-être, le meilleur argument que le chiisme puisse invoquer en sa faveur.

Et il ne serait peut-être pas inapproprié, dans ce contexte, de reconsidérer aussi la distinction (à notre avis trop rigide) que

---

[75] F. Schuon, *Forme et Substance...*, *op. cit.*, p. 36.

Guénon faisait entre exotérisme et ésotérisme ; car s'il affirme que "de toutes les doctrines traditionnelles, la doctrine islamique est peut-être celle où est marquée le plus nettement la distinction de deux parties complémentaires l'une de l'autre, que l'on peut désigner comme l'exotérisme et l'ésotérisme"[76], le fait est que cette distinction s'avère problématique si l'on se réfère aux débuts de l'islam, comme nous l'avons vu. En plus, admettre que la Révélation a un *ẓâhir* et un *bâṭin* ne signifie pas, croyons-nous, qu'il faille postuler comme élément *constitutif* de toute Tradition la distinction entre un exotérisme et un ésotérisme, car ces deux derniers termes ont, à notre avis, une portée fondamentalement subjective ("il n'y a pas d'ésotérisme, il n'y a que des ésotéristes", a-t-on dit ; à juste titre, croyons-nous), car, à proprement parler, l'ésotérisme n'est pas l'aspect intérieur d'une Révélation (Guénon, lui-même, précise qu'"à vrai dire, la *haqîqah* est au-delà de la distinction de l'exotérisme et l'ésotérisme" ; *id.*, p. 35), mais la *connaissance* d'un tel aspect.

Ce qui a conduit Guénon à postuler cette séparation radicale, c'est, selon nous, l'accent qu'il mettait *a priori* sur l'initiation[77] comme rite marquant définitivement le passage à un domaine substantiellement différent. Mais cela aussi est discutable, et pour les soufis de la période classique eux-mêmes, l'initiation n'avait pas (si l'on s'en tient à leurs propres témoignages) la portée que lui donne Guénon[78] ; nous partageons donc en ce

---

[76] *Aperçus sur l'ésotérisme islamique et le Taoïsme*, Paris, Gallimard, 1973, p. 13.

[77] Cela le conduit même à traduire *aṭ-ṭasawwuf* par « initiation » : "L'ésotérisme, considéré ainsi comme comprenant à la fois *tarîqa* et *haqîqa*, en tant que moyens et fin, est désigné en arabe par le terme général *et-taçawwuf*, qu'on ne peut traduire exactement que par « initiation »" (*id.*, p. 15). Mais, en fait, Guénon avait été précédé (et sans doute influencé) par Ivan Aguéli dans cet usage terminologique.

[78] Nous ne pouvons pas nous attarder ici sur cette importante question, mais nous tenons néanmoins à signaler que, en réalité, on trouve chez Ibn

sens l'opinion de Trimingham[79] selon laquelle ce n'est qu'avec la constitution des premières confréries soufies organisées comme telles que le soufisme passe du statut de *collegium pietatis* à celui de *collegium initiati.*

Quoi qu'il en soit, cette distinction découle en fait de la nature même de la Réalité, car en définitive le Dieu personnel, créateur et législateur serait la *Sharî'a* de la Divinité suprême, c'est-à-dire son visage tourné vers la création. Et entre les deux se situe ce qui, selon le schéma classique, constitue la préfiguration principielle de la *Ṭarîqa* : le Verbe (*al-'Amr*, l'« Ordre » existenciateur).

Le Verbe, en effet, est entre autres la préfiguration principielle de la *Ṭarîqa* : "*Je suis le chemin...*", car il est la relation ou communication éternelle de Dieu avec Lui-même, relation dont procède l'Esprit (*ar-Rûḥ*), qui saisit l'Ordre (*al-'Amr*) et l'actualise sur tous les plans de la réalité. L'Esprit est, précisément, le garant de l'Unité dans tous les degrés de la réalité, car il est comme le fil conducteur qui les traverse ; il est le pôle de toute la création, son axe. Dans l'ésotérisme islamique, il est identifié à la « Réalité muhammadienne » *(ḥaqîqa muḥammadiyya)*, qui est l'« Homme universel » (*al-insân al-kâmil*), le Prototype exemplaire (*al-unmûdhaj al-farîd*) de toute la création et, en particulier, de son expression directe, l'être humain.

Mais nous laisserons ici ces réflexions pour aborder, dans le chapitre suivant, la différence entre chiisme et soufisme en ce

'Arabî lui-même l'affirmation que la « prise d'habit » ou « investiture » (*lubs al-khirqa*), qui était autrefois le rite par excellence de l'initiation soufie, n'était qu'une autre désignation du compagnonnage (*ṣuḥba*), l'admission dans le cercle d'un *shaykh*, comme nous le voyons dans *Le Livre de la filiation spirituelle*, traduit et présenté par Claude Addas, Marrakech, Al-Quobba Zarqua, 2000.

[79] *The Sufi Orders in Islam, op. cit.*, p. 13.

qui concerne l'orientation respective qu'ils adoptent par rapport à la vocation d'intériorité dans le cadre de l'Islam.

III

SOUFISME ET CHIISME

Comme nous l'avons dit plus haut, les premiers spécialistes occidentaux du soufisme rattachaient étroitement celui-ci au chiisme et ne voyaient dans ces deux phénomènes spirituels que la double expression d'un même principe ou d'une même aspiration. Opinion dénuée de fondement et que l'existence même d'un soufisme chiite aurait dû servir à invalider immédiatement. Quoi qu'il en soit, nous allons essayer de caractériser ce que nous comprenons comme étant la différence entre ces deux dimensions.

Le chiisme a été défini comme le « Christianisme de l'Islam » (Schuon), une désignation parfaitement valable, car si toute religion manifeste à priori un archétype, tout archétype peut en revanche se manifester au sein de n'importe quelle autre religion, comme l'affirme également Schuon : “C'est ainsi que le Shiisme par exemple est dû [...] à une manifestation, au sein de l'Islam, de la possibilité religieuse [...] qui s'est affirmée d'une façon directe et plénière dans le Christianisme”[80]. Mais cette observation nous permettra également d'aborder l'ensemble de la question sous un autre angle.

Jésus-Christ, qui incarne pour le christianisme le Logos en tant que tel, n'en a pas moins pour autant un rôle important

---

[80] F. Schuon, *Christianisme/Islam : Visions d'Œcuménisme ésotérique*, Paris, L'Harmattan, 2015, pp. 35-36.

dans l'économie générale de l'islam, dans le cadre de laquelle il représente « avant tout la voie qui mène de l'extérieur à l'intérieur » (de même selon Schuon, *id.*, p. 105). En effet, Jésus-Christ (*Sayyidnâ* ‘Îsâ) est le « prophète de l'intériorité », et le soufisme assume explicitement cette vocation d'intériorité (que l'on pourrait donc appeler « christique ») et le fait en pleine conscience de son lien avec *Sayyidnâ* 'Îsâ, à qui il accorde le rang de « Sceau de la Sainteté universelle », la Sainteté (*al-wilâya*) étant « le principe et le fondement du soufisme », comme l'affirmait Hujwîrî. Examinons pourquoi il en est ainsi.

Le message christique est le message de l'intériorité, c'est-à-dire que nous devons chercher le Royaume de Dieu au-dedans de nous-mêmes, mais, en même temps, que "*je ne suis pas venu abolir la Loi*" (cf. *Matthieu* 5 : 17). Cette possibilité originelle d'un christianisme consistant en un ésotérisme de la Loi juive (possibilité qui a eu sa concrétion historique) a été finalement supprimée par l'influence de la perspective paulinienne, qui a aboli l'observance de cette Loi et transformé le christianisme, fondamentalement, en une voie de *bhakti* sacrificielle et sacramentelle. Mais une *bhakti* ne peut subsister, sans risque sérieux d'égarement, en l'absence d'un cadre formel qui fasse fonction de Vérité objective et contrecarre ainsi les excès possibles d'une vérité vécue subjectivement par la seule foi. Cela a obligé à établir un cadre exotérique qui, bien que divinement sanctionné, n'était pas d'institution divine *directe*, et qui a été formulé sur la base du contenu *a priori* ésotérique du message christique. Ainsi s'est constituée la symbiose exo-ésotérique en laquelle consiste le christianisme et qui, étant donné la mentalité exclusivement exotérique de la grande majorité de ses adeptes, donne lieu à une série d'ambiguïtés et de contradictions, tout en isolant en son sein la possibilité spécifiquement christique. De cette façon, il est possible de parler d'une voie christique au sein du christianisme, dans laquelle ce dernier ferait fonction seulement de voie exotérique.

En réalité, le christianisme, malgré le caractère virtuellement initiatique de ses sacrements fondamentaux, est devenu, *de facto*, un exotérisme qui, en dépit de son imprégnation ésotérique, n'en est pas moins formaliste et extérieur. Témoin les vingt-huit propositions condamnées de Maître Eckhart, en particulier la dix-huitième : “Cherchons le fruit, non des actes extérieurs, qui ne nous rendent pas bons, mais des actes intérieurs que le Père, qui est en nous, fait et opère (*Afferamus fructum actuum non exteriorum, qui non bonus non faciunt, sed actuum interiorum quos Pater in nobis manens facit et operatur*)”. Seul un point de vue nettement exotérique pourrait condamner, dans un milieu chrétien, une telle affirmation.

Mais — et cela nous ramène à la question qui nous occupe — c'est exactement ce qui s'est passé avec le chiisme. Celui-ci est l'expression d'une vocation que l'on oserait qualifier de « paulinienne », qui oblige, en définitive, à une « extériorisation » (si l’on peut dire) de la *Haqîqa*, qui vient occuper la place de la *Sharî‘a*, sans que la nécessité de cette dernière disparaisse pour autant, puisque les chiites ne peuvent tous être contemplatifs. Et cela oblige, en somme, à une « reformulation » de la *Sharî‘a*, ce qui donne lieu à un certain déséquilibre, analogue à celui que l'islam, dans un certain sens, est venu corriger. C'est pourquoi le chiisme, qui semble vouloir compromettre, au sein même de l'islam, cette correction, est considéré comme hérétique (le mot *bâṭinî* — que l'on peut traduire approximativement par « ésotérique » — est en pratique un terme de censure) par l'islam sunnite.

Le soufisme, par contre, est fidèle à l'esprit de ladite correction, car il insiste sur le fait que “*ceci, il fallait l’observer* (l'amour de Dieu et la justice) *sans abandonner cela* (payer la dîme de la menthe et la rue)" (*Luc* 11: 42) ; c'est-à-dire qu'il faut s'occuper de l'esprit de la Loi sans oublier la lettre de celle-ci.

Et c'est précisément la divergence entre chiisme et soufisme autour de la figure de *Sayyidnâ* 'Îsâ qui peut le mieux rendre compte de tout ce que nous avons tenté d'indiquer jusqu'ici. Si pour le soufisme *Sayyidnâ* 'Îsâ est, comme nous l'avons dit, le « Sceau de la Sainteté universelle » du fait que la sainteté est le fondement de la Voie de l'intériorité, il ne peut l'être, en revanche, pour le chiisme, car sa propre conception de la « Sainteté » (*walâya*) n'y voit que le fondement de la Prophétie (*nubuwwa*), qui doit se manifester historiquement, tout comme l'a fait celle-ci. Par conséquent, si le représentant éminent de la Prophétie, par le fait d'être celui qui la clôt historiquement, est Muhammad, l'essence de la Sainteté doit être dans la « Substance muhammadienne » elle-même et doit résider dans ce personnage historique (descendant du Prophète) qui manifestera finalement cette essence : le douzième imam, selon la doctrine imamite. En effet, si la doctrine du Logos dans le christianisme conduit à une conception de Dieu faite à l'échelle de cette doctrine, dans le chiisme la doctrine du Logos, sans néanmoins dissiper l'idée, centrale dans l'islam, d'un Dieu unique, divinise pratiquement cette substance pléromatique dans laquelle s'articule, selon sa conception, le Logos, et attribue nécessairement au dernier représentant de celui-ci, l'imam qui apparaîtra à la fin des temps, le statut de « Sceau de la Sainteté universelle ».

Or, le soufisme puise, lui aussi, à cette source première qu'est la « Substance muhammadienne », la réalité spirituelle du Prophète, qui englobe toutes les perfections que le soufi cherche à atteindre. Elle est, comme nous l'avons dit, l'« Homme universel », le Prototype parfait, et la voie obligée pour la Grâce sanctifiante. Mais, précisément, le soufisme ne compromet pas cette réalité par des spéculations mystico-théologiques qui dénaturent, pour ainsi dire, son intégrité métaphysique et sa nature spirituelle. Ainsi, dans le soufisme, la représentation de la *wilâya* n'est pas soumise à une question « dynastique », car *East is East and West is West* et la descendance naturelle du Prophète n'a pas à coïncider avec sa descendance spirituelle, entre autres choses parce que, précisément, *Spiritus ubi vult spirat*[81] .

Dans le soufisme, le réceptacle par excellence dans lequel la réalité de la *wilâya* s'est épiphanisée est le *Quṭb*, le Pôle de sainteté, et, par extension, le Maître, le Shaykh. Ainsi, la réalité universelle de l'ésotérisme n'est pas soumise à une seule « famille », fût-elle celle du Prophète. Et précisément, *Sayyidnâ* 'Îsâ peut représenter cette conception mieux que quiconque car il n'a pas de père humain, ce qui sert parfaitement à illustrer que "l'ésotérisme se réfère [...] à une filiation invisible, que représentent dans la Bible Melchisédech, Salomon et Élie, et que le Soufisme rattache à El-Khidr, le mystérieux immortel"[82].

ꟹ

À la lumière de tout cela, et pour récapituler, nous dirons que le chiisme et le soufisme n'obéissent pas à la même conception, ni de l'ordre divin ni de l'ordre humain, et qu'ils correspondent à des possibilités parfaitement dissociables, comme le montre l'existence même des ordres soufis chiites. Le soufisme s'affirme explicitement comme le « noyau de la Loi » (*lubab al-Sharî'a*), qu'il ne veut jamais différente de ce qu'elle

---

[81] Nous ne pouvons pas étudier ici le cas du chérifisme et son lien étroit, notamment au Maghreb, avec la sainteté ; nous nous bornerons à consigner qu'il y avait certainement une telle coïncidence, comme on peut le voir, par exemple, dans le cas de l'Imâm Shâdhilî, qui invoquait souvent sa descendance charnelle du Prophète.

[82] F. Schuon, *Approches..., op. cit.*, p. 215.

est, alors que le chiisme, pour sa part, insiste pour la modifier en fonction d'une volonté de « pureté » originelle, inspirée par la nostalgie de cette « Lumière muhammadienne » (*Nûr muḥammadî*) qui a certainement baigné les *ahl al-bayt* et qui rayonnait d'eux sur toute la communauté.

Par conséquent, et pour les fins qui nous intéressent ici, nous pouvons affirmer que le chiisme et le soufisme représentent, non pas deux façons de comprendre la même vocation, mais réellement deux vocations différentes, parmi lesquelles on en trouverait, bien sûr, d'autres que l'on pourrait appeler « intermédiaires ».

Et voici, dans notre réflexion, le tournant qui nous mènera à la question que nous voulions aborder en particulier, celle de l'importance que le génie persan a pu avoir dans l'émergence du soufisme. Car s'il a été largement souligné que ce génie avait beaucoup à voir avec le chiisme en tant que phénomène historique (et non avec sa genèse, puisque, comme nous l'avons déjà dit, le chiisme était à l'origine un mouvement purement arabe), il ne semble pas — surtout après la séparation que nous avons nous-même établie — qu'un quelconque rôle puisse lui être attribué dans cette émergence. Mais c'est ici, comme point d'articulation décisif, qu'interviennent les conclusions auxquelles nous sommes parvenu dans la première partie de notre étude, qui seront maintenant abordées dans une autre perspective.

Comme nous l'avons dit, il est généralement admis que l'« âme » persane s'est tournée vers l'idéal représenté par le chiisme, et que l'évidente dimension émotionnelle de ce dernier peut lui être attribuée dans une large mesure[83]. Mais ce n'est pas de cela

---

[83] Il est intéressant de retenir la précision apportée par Guénon dans son ouvrage sur les doctrines hindoues, dans le chapitre intitulé « Les grandes divisions de l'Orient », où il affirme que la séparation la plus profonde qui

qu'il s'agit en ce qui concerne le soufisme, mais de quelque chose de plus profond ; car, en somme, cette composante émotionnelle se retrouve aussi dans certains ordres soufis d'affiliation sunnite. Quoi qu'il en soit, cette « âme persane » a pu exercer une certaine influence sur la « coloration » des ordres soufis spécifiquement persans (sunnites ou chiites), et Guénon lui-même nous a donné des raisons de l'étayer[84] : “Il est dit, en effet, que le Prophète enseigna la « science secrète » à Abou Bekr et à Ali, et c'est de ceux-ci que procèdent les différentes écoles. D'une façon générale, les écoles arabes se recommandent surtout d'Abou Bekr, et les écoles persanes d'Ali ; et la principale différence est que, dans celles-ci, l'ésotérisme revêt une forme plus « mystique », au sens que ce mot a pris en Occident, tandis que, dans les premières, il demeure plus purement intellectuel et métaphysique ; ici encore, les tendances de chacune des races suffisent à rendre compte d'une telle différence, qui, d'ailleurs, est beaucoup plus dans la forme que dans le fond même de l'enseignement, du moins tant que celui-ci demeure conforme à l'orthodoxie traditionnelle”[85].

Mais de toute façon, ce n'est pas de cette différente « coloration » que nous voulons parler. Ce que nous essayons de

---

existe dans le monde musulman est celle qui distingue le groupe arabe et turc, d'une part, et le groupe perse, d'autre part, “séparation que l'on exprime d'ordinaire en disant que les Arabes et les Turcs sont « sunnites », tandis que les Perses sont « shiites » ; ces désignations appelleraient bien quelques réserves” (*Introduction générale à l'étude des doctrines hindoues*, Paris, Éditions Véga, 1983, p. 55).

[84] Lui qui affirmait ailleurs que “la vérité est que le « çûfisme » est arabe comme le Coran lui-même” *(Aperçus sur l'ésotérisme islamique..., op. cit.*, p. 20).

[85] *Études sur l'hindouisme, op. cit.*, pp. 120-121. Ici, Guénon semble exprimer une simple opinion commune. Il est très discutable, en particulier, que les ordres soufis persans soient plus « mystiques » et moins intellectuels que les ordres spécifiquement arabes.

faire, c'est de trouver un facteur hypothétique de « géographie spirituelle » ou de « métagéographie » (si l'on peut s'exprimer ainsi) qui rende compte, non pas certainement du soufisme en tant que tel, dans toute sa complexité, mais au moins d'un certain type de soufisme. En d'autres termes, notre but sera de démontrer ce que ce soufisme peut devoir à une vocation collective et, aussi, de mettre en relief un certain facteur comme étant à l'origine de celle-ci.

Or pour bien traiter cette question, il faut d'abord revenir sur ce que nous avons dit à propos de la distinction des causes, afin de rappeler les notions générales qui s'y rapportent.

IV

NATURE DU SOUFISME

Les causes internes ou intrinsèques, appelées aussi principes, sont celles qui concourent intrinsèquement à la constitution d'une chose et demeurent dans l'effet, comme on le dit de la matière et la forme[86]. En revanche, les causes externes ou extrinsèques sont celles qui produisent un effet de l'extérieur, c'est-à-dire qu'elles concourent à la production des choses de l'extérieur et ont leur être en dehors de l'entité produite. Et parmi les causes externes la scolastique médiévale distinguait la cause efficiente, la cause finale et la cause exemplaire.

Or, en différant pour l'instant la justification de nos affirmations, notre proposition fondamentale est la suivante : outre l'ordre des réalités substantielles qui soutiennent intérieurement le soufisme — c'est-à-dire ses causes internes, auxquelles nous nous référerons en premier lieu — le concours de plusieurs causes extrinsèques a été nécessaire pour qu'il prenne sa forme particulière en tant que réalité historique ; et en ce sens, mis à part les causes purement instrumentales ou occasionnelles, il faut considérer l'action des trois sortes de causes extrinsèques que nous venons de mentionner : efficiente, finale et exemplaire.

Très schématiquement, notre proposition de départ est donc la suivante : la cause efficiente est la *vocation* de réaliser les conséquences ultimes du *furqân* fondamental de la doctrine

---

[86] C'est pourquoi on les appelle aussi causes *constitutives*.

islamique, et coïncide avec la sincérité de la foi (*al-ikhlâs)* ; et la cause finale se concrétise dans la réalité de la *wilâya*, en tant qu'objectif qui définit la voie même qui y mène. Mais notre proposition comporte la précision — et c'est là notre thèse fondamentale — que la cause efficiente est en réalité subsumée sous une certaine cause exemplaire dont nous parlerons en temps opportun. En cela nous rejoignons la thèse néo-platonicienne, qui rejetait la cause efficiente au profit de la cause exemplaire, et situons l'objet de notre étude, en réalité, dans l'horizon des Idées platoniciennes, interprétées dans ce cas, comme on le verra, en termes d'intelligences actives, ou mieux, en réalité, d'angélologie, bien que d'une façon — croyons-nous — très différente de celle, par exemple, d'un Sohravardî, le *shaykh al-ishrâq*.

Mais examinons d'abord, comme nous l'avions annoncé, les causes internes, qui constituent ce que nous pouvons appeler la « nature » du soufisme.

ග

Dépassant ainsi les définitions traditionnelles trop vagues, F. Schuon entre dans le vif du sujet en affirmant que “le contenu concret, et partant l'origine, de la spiritualité islamique est la substance spirituelle du Prophète”[87]. Et il renforce cette affirmation par ce qui suit : “Extérieurement, le Prophète est Légis-

[87] *Approches du Phénomène religieux*, “Le Mystère de la Substance prophétique”. Ce chapitre est, selon Seyyed Hossein Nasr, une étude « particulièrement éminente » parmi celles que Schuon a consacrées au Prophète, et “révèle un degré d'intimité rarissime avec la *ḥaqîqah al-muḥammadiyah*. Il avait lu les prières traditionnelles pour recevoir une vision du Prophète, et fut exaucé à plusieurs reprises. Le chapitre en question est en fait l'un des textes les plus importants jamais composés sur la réalité intérieure du Messager de Dieu” (« Frithjof Schuon et la Tradition islamique », dans *Frithjof Schuon 1907-1998. Études et témoignages*, « dossier hors série » de la revue *Connaissance des Religions*, 1999).

lateur [...] ; intérieurement, en sa substance, il représente l'ésotérisme à tous les degrés [...]. Le Législateur indique la voie et donne le bon exemple sur le plan formaliste de la légalité et de la morale ; la Substance mohammadienne, par contre — l'âme du Prophète en tant qu'elle est en principe accessible — est une présence concrète et quasi sacramentelle [...] qui invite, non à la légalité ni aux vertus sociales, mais au dépassement de soi et à la transformation, donc à l'extinction et à une seconde naissance" (*id.*, p. 161). À ces affirmations, on pourrait ajouter celle-ci du même auteur, qui les résume en quelque sorte : "Le Prophète a institué deux courants traditionnels relativement différents, à la fois solidaires et divergents ; légal, commun et obligatoire l'un, et ascétique, particulier et vocationnel l'autre"[88].

Or, S. H. Nasr, pour sa part, soutient qu'en définitive "l'ensemble de la voie spirituelle qui émane de la Substance même du Prophète doit son existence à la descente du Verbe de Dieu dans l'âme virginale de Son Messager", de sorte que "le Coran est l'origine et la source de tout ce qui est islamique, y compris, bien sûr, la spiritualité et la grâce muhammadienne (*al-barakat al-muḥammadiyyah*)"[89].

Cette opinion a, à notre avis, l'inconvénient de ne pas expliquer clairement l'origine de la spiritualité islamique en tant que réalité concrète et précise au sein de « ce qui est islamique », en brouillant quelque peu la précision apportée par Schuon. Ainsi, nous croyons qu'il faut insister sur le fait que l'origine, en

---

[88] *Sur les traces..., op. cit.*, p. 74. Et dire que le Prophète a *institué* deux courants distincts signifie que tous deux sont d'institution divine, c'est-à-dire d'origine divinement prévue et sanctionnée, ce qui permet de replacer dans ses justes termes l'affirmation de Guénon selon laquelle "dans l'islamisme, la tradition est d'essence double, religieuse et métaphysique" (*Introduction générale à l'étude des doctrines hindoues, op. cit.*, p. 137).

[89] « The Quran as the Foundation of Islamic Spirituality », *in* Seyyed Hossein Nasr (ed.), *Islamic Spirituality : Foundations, op. cit.*, p. 53.

qualité de cause interne, de l'ésotérisme islamique, sous le double aspect de la doctrine et de la méthode, doit être décelé dans la substance spirituelle du Prophète, qui en tant que « puits de science », « cité du savoir » et « somme des verbes » résume la première, et qui en tant que "*bel exemple* [...] *de ceux qui pratiquent beaucoup l'invocation de Dieu*" (*cf.* Coran 33 : 21) et possédant un « caractère éminent » (*khuluq 'aẓîm* ; *cf.* Coran 68 : 4) résume la seconde.

Cette dernière référence nous permet, en tout cas, de justifier d'une certaine manière l'assimilation faite par S. H. Nasr si nous gardons à l'esprit que la nature du Prophète était la même que celle du Coran, selon la célèbre phrase de 'Â'isha bint Abî Bakr : "Sa nature était le Coran" (*kâna khuluquhu al-Qur'ân*). Or, "pour comprendre cette comparaison — comme le souligne Schuon — il faut savoir que ce Livre possède, à côté du mot à mot et d'une manière sous-jacente, une « magie » informelle, c'est-à-dire une « âme », qui s'étend des qualités morales jusqu'aux mystères spirituels ; d'où la fonction sacramentelle du Texte — son caractère de *mantra* si l'on veut —, fonction qui est indépendante de sa forme et de ses contenus"[90]. Et ailleurs Schuon fait une autre remarque très pertinente : "L'âme du Prophète — selon Aïsha — s'identifie au Coran, ou plus précisément, à la « substance humaine » de celui-ci"[91].

Et en insistant encore sur ce lien entre le soufisme et le Coran, nous trouvons très opportunes ces précisions de Marijan Molé : "Le soufisme est né dans une atmosphère de profonde imprégnation coranique. Mais d'autres mouvements islamiques — tel le hanbalisme — en étaient également sortis, sans que pour cela ils aient évolué dans un sens analogue. À l'appel initial du texte sacré, certains individus réagissaient d'une façon

---

[90] *Approches...*, *op. cit.*, p. 205.

[91] *Forme et Substance...*, *op. cit.*, p. 17, n. 13.

spéciale qui était conforme à leurs aspirations profondes"[92], ce qui nous ramène à la question cruciale de la vocation.

Nous devons également ajouter que le Prophète est à l'origine du soufisme encore dans un autre sens, comme nous le verrons plus loin, en partant de l'affirmation mentionnée *supra* selon laquelle il n'y a pas d'ésotérisme, mais des ésotéristes, et que l'ésotérisme n'est pas l'aspect intérieur d'une Révélation mais plutôt la connaissance de cet aspect. Or, il s'ensuit que le fait de déclarer que cette dimension intérieure existe est déjà une déclaration ésotérique, car l'exotériste n'a aucune preuve de son existence. Ainsi, le célèbre *ḥadîth* dans lequel le Prophète déclare que la Révélation n'a pas seulement un aspect extérieur, mais que derrière celui-ci se cachent non pas un, mais sept sens intérieurs, *ḥadîth* qui est généralement pris comme une garantie de la légitimité de la recherche de ces sens, est en réalité bien plus que cela. Le Prophète, par cette déclaration, s'est constitué *ipso facto* comme le modèle de tous les ésotéristes de l'islam. Mais, précisément pour cette raison, cet ésotérisme n'est pas « islamique » mais proprement *muḥammadî*, car il repose sur la substance intérieure du Prophète, et non sur sa fonction de législateur ; sinon, tout musulman serait obligé de le suivre, compte tenu de la nature contraignante de la Sunna.

Pourtant, l'ésotériste qui prend Muhammad comme modèle, « œuvre » essentiellement avec ce que celui-ci a reçu et offert à tous comme législateur : le Coran, qui est aussi « guidance et miséricorde pour les *muḥsinûn* » (*cf.* Coran 31 : 3), c'est-à-dire ceux qui pratiquent l'*iḥsân*, et il prend aussi pour supports les cinq piliers de l'islam[93]. Et c'est donc cela, ce qui rend pleinement islamique cette tâche.

---

[92] *Les Mystiques musulmans*, *op. cit.*, pp. 35-36.

[93] Ceci indépendamment du fait que le *tawfiq* (aide divine) spécifiquement initiatique est la *barakat muḥammadiyya.*

ꕥ

Compte tenu de ce qui vient d'être dit, nous devons cependant insister sur le fait que ce contenu substantiel n'épuise pas les facteurs qui concoururent à la formation d'une réalité aussi complexe que celle du soufisme, et qu'il est légitime d'essayer d'analyser tous les autres, en particulier ceux qui peuvent être rattachés aux notions de « cause efficiente », « cause finale » et « cause exemplaire », qui sont celles qui nous intéressent plus particulièrement ici. Commençons par la cause finale.

Dans la philosophie scolastique, la cause finale est connue comme ce vers quoi une chose tend pour être pleinement elle-même, et qui la meut, non pas comme le fait la cause efficiente, mais en attirant, comme l'objet de l'amour, attraction avec laquelle la cause finale meut la cause efficiente pour produire l'effet. Traditionnellement assimilée au Bien (qui est en définitive l'un des aspects du Principe suprême), la fin d'une chose est sa raison la plus fondamentale. Cela revient à dire que la cause finale précède ontologiquement, en réalité, toutes les autres, d'où le fait qu'elle apparaisse comme postérieure à elles dans l'ordre de la réalisation effective[94].

Ainsi, la *wilâya*, en tant que fin et objectif de la voie spirituelle du soufisme, est en quelque sorte l'origine de celui-ci, son principe, comme l'ont observé de nombreux auteurs soufis. Voyez par exemple Hujwirî, qui est catégorique à cet égard : "Vous devez savoir que le principe et le fondement du soufisme et de la connaissance de Dieu résident dans la sainteté (*wilâya)*,

[94] C'est ce que l'on entend lorsqu'on affirme que la *wilâya* a la préséance ou la priorité (*afḍaliyya)* sur la *nubuwwa*, l'une des discussions classiques en soufisme. Mais le Prophète est supérieur au *walî*, d'abord parce qu'il est aussi *walî* et, de plus, du premier ordre, sinon il ne serait pas un Prophète ; et, ensuite, précisément parce qu'en plus d'être *walî*, il est Prophète, ce qui ajoute une perfection supplémentaire qui est liée à ce que Guénon appelle la « réalisation descendante ».

dont la réalité a été unanimement affirmée par tous les shaykhs, même si chacun d'eux l'a exprimée d'une manière différente"[95].

Et l'on peut aussi noter cette affirmation de Michel Chodkiewicz : "Soufisme et sainteté sont inséparables. Sans les saints, il n'y a pas de soufisme : il naît et se nourrit de leur sainteté et a pour fonction de la reproduire"[96]. Et, un peu plus loin, le même auteur ajoute : "Il n'est pas abusif d'affirmer que, d'une certaine façon, Ibn 'Arabî, de la première à la dernière ligne de son œuvre, n'a jamais parlé d'autre chose que de la sainteté, de ses voies et de ses fins" (*id.*, p. 26).

Ibn 'Arabî définit précisément la *wilâya* comme *al-dâ'ira al-'uẓmâ*, « la plus grande sphère », que nous interprétons comme correspondant à *al-dâ'ira al-awwaliyya*, la « circonférence première » qui délimite et encercle le domaine de l'Existence universelle, qui correspond au Nom divin *al-Muḥîṭ* (le tout englobant et le tout enfermant) et, dans un autre symbolisme, au Trône divin (*al-'Arsh*), au centre duquel se tient *ar-Rûḥ*[97], l'Esprit (ou Intellect) suprême[98]. Cela place clairement la *wilâya* en relation étroite avec l'Intellect métacosmique et, par conséquent, avec la gnose (*ma'rifa*), car "il n'y a pas de saint (*wâlî*, « représentant », donc « participant ») qui ne soit « connaissant par Dieu » (*'ârif bil-Llâh*)"[99]. Et la *ma'rifa* et la *wilâya*, qui font de celui qui les possède un sage et un saint respectivement, sont les modes de la vision (*al-'iyân*) de Dieu et de

---

[95] *Kashf al-Maḥjûb*, p. 210 de la traduction de Nicholson, dans l'édition de Lahore 1976.

[96] *Le Sceau des Saints. Prophétie et sainteté dans la doctrine d'Ibn Arabî*, Paris, Gallimard, 1986, pp. 23-24.

[97] Parfois, *ar-Rûḥ* est assimilé au Trône en tant que tel.

[98] Voir à cet égard Guénon, chapitre « Er-Rûh » dans *Aperçus sur l'ésotérisme islamique...*, *op. cit*, p. 56, et aussi F. Schuon, *L'Œil du Cœur*, nouvelle édition augmentée de trois chapitres inédits, Paris, L'Harmattan, 2017, chapitre « En-Nûr ».

[99] F. Schuon, *Comprendre l'Islam*, *op. cit.*, p. 111.

l'intimité (*al-uns*) avec Lui[100] propres au *waṣîl* (celui qui a atteint le but suprême : *al-wuṣla*).

S. H. Nasr définit la *walâya* comme “la fonction d'initiation inhérente à la mission prophétique”, une définition qui vise, en quelque sorte, à fusionner les perspectives soufie et chiite, mais qui à nos yeux n'y parvient pas complètement. De plus, dans le chiisme, la *walâya*, même comprise comme *bâṭin an-nubuwwa*, est excessivement perçue comme une fonction *temporelle*, analogue à la fonction prophétique, qui se réalise nécessairement dans le temps, et elle suit le cycle de la prophétie une fois que celle-ci est close, alors que dans le soufisme elle conserve sa véritable dimension de réalité essentiellement *métaphysique* : la *wilâya* est dans ce dernier, à proprement parler, la participation du *waṣîl* à la *ḥaqîqa muḥammadiyya*, ce qui fait de lui un *insân kâmil*, et en tant que tel préexiste éternellement à la condition de *walî*.

De plus, le *walî*, qui est en ce sens « l'héritier » du Prophète (comme l'explique très bien Chodkiewicz dans *Le Sceau des saints*, cité plus haut) se constitue pour cette raison comme le modèle et le guide de la voie, car même si le *walî* ne peut être chargé de transmettre une *Risâla*, il a en revanche la fonction

---

[100] Le *walî* est aussi le *muḥaqqiq*, celui qui a réalisé la Vérité. Le degré qui représente la plénitude de la *wilâya* est le *maqâm al-qurba*, et ceux qui l'atteignent sont les *muqarrabûn*, les « rapprochés ». Selon Ibn 'Arabî, cité par Chodkiewicz (cf. *Un Océan sans rivage : Ibn Arabî, le Livre et la Loi*, Paris, Seuil, 1992, p. 70), avant la révélation de sa mission, le Prophète était un des *muqarrabûn*, qui sont, parmi les hommes, ce que sont les chérubins (*al-karûbiyyûn*) parmi les anges. Sa station est celle de la « prophétie libre » (*nubuwwa muṭlaqa*), qui est intermédiaire entre la station de la « confirmation de la vérité » (*ṣiddiqiyya*) et celle de la « Prophétie légiférante » (*nubuwwa shar'iyya*). En réalité, *nubuwwa muṭlaqa* (ou aussi *nubuwwa âmma*, Prophétie générale) n'est qu'un autre nom pour désigner la *wilâya*, ou, comme le précise Chodkiewicz, “l'insurpassable sommet de toute *walâya*” (*id.*, p. 72).

d'appeler (*da'wa*) à Dieu et de guider vers Lui, comme nous le voyons dans Coran 12 : 108 : "*Dis : Voici ma voie. J'appelle à Dieu avec une vision intérieure* ('alâ baṣîratin)[101] *et ceux qui me suivent* [le font aussi]".

Il serait possible d'en dire beaucoup plus sur la *wilâya*, mais comme ce n'est pas sur ce point que nous voulons insister, nous croyons que ce qui nous en avons dit suffira. En tout état de cause, nous ne voulons pas manquer de signaler à cet égard une donnée qui peut sembler absolument déplacée ici mais qui, au contraire, est des plus pertinentes. Nous faisons référence au fait que, selon la numérologie de la langue arabe, le mot *balîd* (idiot) et le mot *walî* (saint) ont la même valeur numérique, un détail qui a été exploité par un Idries Shah et sa « Sagesse des idiots », mais que nous ne devrions pas dédaigner.

Dans sa *Gramática de la lengua catalana*, publiée en 1915, le majorquin Tomàs Forteza a exprimé l'opinion que l'« idiot » était probablement à l'origine "celui qui ne connaissait pas d'autre façon de parler que celle de son hameau" ("*el qui no coneixia una altra manera de parlar que la del seu llogaret*"), étymologie qui n'est pas exactement celle admise, mais qui, compte tenu de ce qui se passe en arabe, où *balîd* est de la même racine que *balad* (pays, terre), prend toute sa signification. Car, d'autre part, il y a lieu de rappeler ici la doctrine formulée par Nicolas de Cues, qui utilisait le mot « idiot » pour désigner celui qui incarne la « docte ignorance », c'est-à-dire la vraie Sagesse, et qu'il opposait au philosophe académique, qui « parle en latin », précisément. En réalité, ici s'opposent deux approches de la vérité : la logico-analytique et la synthétique. La première est celle qu'imposent, par leur structure propre, les langues gram-

---

[101] Dans un sens particulier très pertinent ici, *al-baṣîra* est — comme le dit Michon (*Le Soufi...*, *op. cit.*, p. 61) — ce qui "permet au soufi de se connaître lui-même comme de distinguer, parmi ses semblables, ceux que leur prédisposition (*isti'dâd*) rend aptes à s'asseoir au banquet des Amis de Dieu".

maticales, qui se conforment au raisonnement, à la raison discursive ; tandis que la seconde, qui saisit de manière globale la réalité des choses, avec leurs connexions intimes, peut être facilitée par les langues vulgaires dans la mesure où l'on réveille leur vertu polysémique originelle. Cela signifie qu'il faut transcender le sens littéral des mots (pour Nicolas de Cues, l'« idiot » est celui qui « ne fait pas attention aux mots ») et les considérer précisément comme des symboles, c'est-à-dire comme des expressions synthétiques qui comportent, par nature, différents niveaux de signification.

Il en ressort donc que l'« idiot » est celui qui parle la langue vulgaire, c'est-à-dire celui qui parle « en persan », conformément à ce que nous avons vu, et qu'il est aussi, par conséquent, le véritable ésotériste, celui qui possède une « docte ignorance », selon la formule heureuse du Cusain ; et ces deux caractéristiques s'appliquent parfaitement au *walî*, qui se révèle ainsi comme le véritable « homme de la terre » (*baladî*, de *balad*), c'est-à-dire celui qui a ses racines dans la véritable « terre natale » primordiale.

ᔓ

Et, à cet égard, les précisions suivantes ne sont peut-être pas non plus hors sujet : dans le domaine des sciences traditionnelles islamiques, il existe une analogie très étroite entre la grammaire (*naḥw*) et la théologie scolastique (*kalâm)* d'une part, et l'étymologie (*ishtiqâq*) et le *ta'wîl* d'autre part[102]. Toutes ces disciplines traitent de la parole, naturelle dans un cas et révélée dans l'autre ; les deux premières le font d'un point de vue exotérique, alors que les deux dernières le font d'un point de vue ésotérique ; celles-là pour réguler cette parole, celles-ci pour

[102] C'était également le cas dans la Grèce ancienne, comme le rappelle Fabre d'Olivet, qui affirme que "l'étymologie faisait autrefois une partie très importante des mystères" (*La Langue d'Oc rétablie*, *op. cit.*, p. 110).

atteindre son origine. En réalité, ces deux couples de disciplines ne se distinguent donc que par leur objet, et non par leur méthode. Dans le premier cas, l'analogie (*qiyâs*, en arabe) gouverne, et dans le second, c'est l'anomalie (*samâ'*, en arabe).

Et puisque nous parlons d'étymologie, peut-être les réflexions suivantes sur le mot *soufi* lui-même auraient-elles également leur place ici, car un autre des points qui a fait couler le plus d'encre est celui de l'étymologie de ce mot. Pour nous, cette étymologie ne doit pas être recherchée comme une simple dérivation linguistique externe, car elle se fonde sur le noyau le plus intime du langage, sur le langage en tant que pur son. Nous souscrivons donc pleinement à l'opinion de Guénon : "On a prétendu assigner au mot *çûfî* lui-même des origines fort diverses ; mais cette question, au point de vue où l'on se place le plus habituellement, est sans doute insoluble : nous dirions volontiers que ce mot a trop d'étymologies supposées, et ni plus ni moins plausibles les unes que les autres, pour en avoir véritablement une ; en réalité, il faut y voir plutôt une dénomination purement symbolique, une sorte de « chiffre », si l'on veut, qui, comme tel, n'a pas besoin d'avoir une dérivation linguistique à proprement parler"[103]. Ces propos font écho à ceux formulés au Xe siècle par Hujwîrî, qui affirmait que "ce nom [soufi] n'a pas de dérivation répondant aux exigences étymologiques"[104]. Ainsi, on pourrait dire que toutes les étymologies proposées sont vraies, car elles rendent toutes compte, chacune à sa façon, de cette filiation profonde.

ꕥ

Ceci dit, venons-en maintenant à la considération de la cause efficiente, qui, comme nous l'avons déjà dit, consiste en la « vocation ».

---

103 *Aperçus sur l'ésotérisme islamique...*, *op. cit.*, pp. 16-17.

104 *Kashf al-Maḥjûb*, dans la traduction de Nicholson précitée, p. 34.

V

SOUFISME ET VOCATION

Le verset coranique suivant nous semble être d'une importance capitale à cet égard : "*Dieu convoque* (ou *appelle*) *à la Demeure de la Paix et dirige qui Il veut vers un chemin droit* (ou *ascendant*)" (Coran 10 : 25). Ce verset offre, à notre avis, un résumé parfait de toute cette question. Dieu convoque, c'est-à-dire qu'Il fait un appel *(da'wa)*, de sorte que ce que nous connaissons par « vocation » est proprement l'appel de Dieu, et non pas notre réponse ; il est la source de celle-ci[105].

Et Dieu appelle à la « Demeure de la Paix » (*Dâr as-Salâm*), qui est la Demeure de Sa Science parfaite, de la "Science Divine, qui est toute remplie de paix... [et] qui fait voir parfaitement la Vérité, dans laquelle notre âme trouve sa paix"[106]. Car cette Science est la seule qui puisse satisfaire notre intellect — comme le dit aussi Dante, — c'est-à-dire notre essence, et nous réconcilier avec nous-mêmes, c'est-à-dire nous unir à notre *Rabb* (*cf.* ci-dessus la référence au vers d'Ibn 'Arabî). Et de plus, Dieu nous guide sur une Voie droite (ou ascendante), prototype de toutes les *ṭuruq*, car "en vérité, la guidance de Dieu est La guidance" *(inna hudâ 'Llâhi huwa 'l-hudâ)*, comme le précise également le Coran (2 : 120).

---

105 Il est remarquable, en ce sens, que selon 'Abd al-Razzâq al-Qâshânî, l'*irâda*, c'est-à-dire ce qui fait de quelqu'un un *murîd* (littéralement, « aspirant », disciple), est la réponse humaine à la *da'wa de* Dieu.

106 Dante, *Il Convivio*, Tr. II, XV, 19-20.

Or, si, comme nous l'avons vu, l'origine de l'ésotérisme islamique, du double point de vue de la doctrine et de la méthode, est Muhammad, pourtant, s'il s'était réduit à lui — avec quoi, à proprement parler, cet ésotérisme aurait pleinement existé — nous ne serions pas témoins, de nos jours, de ce phénomène historique si complexe et parfois si déconcertant que nous connaissons sous le nom de soufisme ; car une chose est l'ésotérisme et autre chose est l'histoire. Ainsi, la cause efficiente de ce phénomène historique n'est pas le Prophète ; et, en toute rigueur, cette convocation divine dont nous avons parlé, qui est nécessairement transhistorique, ne l'est pas non plus. En réalité, la cause efficiente est constituée par l'amalgame de réponses à cette convocation, et ces réponses — et ici nous faisons encore allusion à notre thèse fondamentale, qui sera développée plus tard — sont déterminées par un certain ordre de réalités angéliques, qu'il faut donc chercher non pas dans l'ordre humain plus contingent, de type historique, ni dans l'Ordre divin lui-même, mais dans le *Malakût* et dans les anges qui gouvernent des aspects particuliers de l'ordre humain subtil, car c'est là que « l'Histoire commence ».

La gnose, en tant que telle, est la connaissance de la réalité métacosmique et, par conséquent, elle qualifie en ce sens l'aspiration qui lui est ordonnée. Mais il peut y avoir un aspect de la réalité supraformelle et macrocosmique — archangélique — qui donne à cette aspiration un caractère particulier. Si la gnose parfaite est Dieu se connaissant dans l'Homme universel, dans le soufisme l'on trouve aussi l'aspiration à connaître Dieu dans l'horizon d'un « Seigneur » collectif déterminé, ce qui nous oblige à commenter ce dernier point.

Frithjof Schuon affirme, en effet, que "chaque réceptacle individuel ayant son Seigneur particulier, il en va de même des collectivités psychologiques. Le « Seigneur » est l'Être-Créateur en tant qu'il concerne ou « regarde » telle âme ou telle catégorie d'âmes, et qu'il est regardé par elles en fonction de leurs natures propres, qui à leur tour dérivent de telles possibilités divines"[107]. Pour sa part, Corbin cite à cet égard ces paroles d'Abû 'l-Barakât al-Baghdâdî : "Les anciens Sages [...] professaient que pour chaque âme individuelle, ou peut-être pour plusieurs ensemble ayant même nature et affinité, il y a un être spirituel qui tout au long de leur existence assume envers cette âme ou ce groupe d'âmes une sollicitude et tendresse spéciales ; c'est lui qui les initie à la connaissance [...] et c'est cet être qu'ils appelaient la *Nature Parfaite*. Et c'est cet ami [...] qu'en langue religieuse on appelle l'*Ange*"[108]. C'est cette dernière référence que nous intéresse particulièrement ici.

Tout ceci est étroitement lié à la doctrine — développée notamment par Ibn 'Arabî — de l'*isti'dâd*, la « prédisposition » ou « aptitude ». Ibn 'Arabî dit dans ses *Fuṣûṣ al-Ḥikam* (chapitre sur le Verbe adamique) : "Dieu a d'abord créé le monde entier comme une chose amorphe [...] ; or, c'est une règle de l'Activité divine de ne préparer aucun « lieu » sans que celui-ci ne reçoive un esprit divin, ce qui est exprimé [dans le Coran] par l'insufflation de l'Esprit divin en Adam ; et ce n'est autre chose [...] que l'actualisation de l'aptitude (*al-isti'dâd*) que possède telle forme, préalablement disposée, à recevoir l'effusion (*al-fayd*) inépuisable de la révélation (*al-tajallî*) essentielle. Il n'y a donc [hors de la Réalité divine] qu'un pur réceptacle (*qâbil*), mais ce réceptacle provient lui-même de « l'Effusion très-sainte » (*al-fayd al-aqdas*)"[109].

---

[107] *Comprendre l'Islam*, *op. cit.*, pp. 167-168.

[108] *L'Imagination créatrice...*, *op. cit.*, p. 33.

[109] Muhyi-d-din Ibn 'Arabî, *La Sagesse des prophètes*, Paris, Albin Michel, 1974, pp. 22-23.
Une précision importante, cette dernière, que l'on retrouve également chez Schuon : "Ce n'est pas le réceptacle qui détermine Dieu, c'est Dieu qui prédispose le réceptacle" (*Comprendre l'Islam*, *op. cit.*, p. 177, n. 1). Ou, plus

Ce qui est dit ici est nécessairement valable pour ce qui ne fait que reproduire le modèle de la manifestation primordiale, à savoir les diverses Révélations historiques. Par conséquent, d'après cette doctrine, nous pourrions dire que la prédisposition à recevoir et à assumer un Message religieux précède d'une certaine manière celui-ci et — nous oserions presque dire — le force. À cette nuance près, que cette prédisposition, comme nous l'avons vu, avait déjà été faite en vue de sa réception du Message qui lui était prédestiné.

Or, cette prédisposition à recevoir le Message révélé est assumée par une collectivité humaine déterminée dans son essence qualitative, sa *umma*. Cette notion d'*umma* est en effet étroitement liée à celle d'*isti'dâd*. Le mot vient, comme on le sait, d'une racine qui donne aussi, entre autres, les mots *umm* (« mère ») et *ummî* (« illettré »). Cet adjectif est appliqué au Prophète pour indiquer que, au moment de recevoir la Révélation, son âme était une *tabula rasa*, elle était toute prédisposition, aptitude, passivité principielle ; qu'elle était, en somme, une « matrice » préparée à recevoir le germe divin de la Révélation. L'Oumma (la communauté *in divinis* de tous les musulmans) serait donc, en un certain sens, un corrélat de l'âme du Prophète, dans laquelle toutes les possibilités déposées en germe dans cette dernière seraient également contenues, constituant ainsi la substance spirituelle de tous ceux qui la composent. Et à cet égard

---

développé : "Dès que le support est préparé, qu'il a atteint un degré de perfection, le Logos descend sur lui et s'y fixe, comme la lumière se fixe automatiquement sur une surface claire et lisse ; mais, précisément, la maturation du support humain est à son tour et par anticipation un effet du Logos [...] si bien que nous devons admettre que l'initiative première vient du Ciel et que le support n'a été produit dans l'ordre du jeu cosmique qu'en vue de la manifestation du Logos et par le Logos lui-même" (*L'Œil du Cœur*, *op. cit.*, p. 78).

est très significatif le sujet, sur lequel nous ne pouvons nous étendre ici, du jugement final des *umma-s*.

Nous avons dit précédemment que cette prédisposition « force » le Message à s'épiphaniser dans une forme déterminée. Ce n'est rien d'autre, au niveau ontologique, que l'interprétation de la phrase coranique qui décrit l'acte existentiel de Dieu (*cf.* Coran 3: 47), communément comprise comme signifiant que Dieu donne l'existence à qui Il veut, alors qu'en réalité, comme on le voit chez Ibn 'Arabî, par exemple, elle doit être comprise dans le sens qu'Il donne l'existence à ce (ou celui) qui veut (la posséder). C'est la question des possibles (*al-mumkinât*), que Dieu « appelle » à l'existence avec Son Ordre, qui est Sa Parole, par une effusion « bienveillante » (c'est la *nafas ar-Raḥmân*, l'Expir du Tout-Miséricordieux) qui « s'apitoie » sur les ténèbres dans lesquelles ils demeurent et d'où ils crient pour Le voir. Ainsi, la possibilité chrétienne, ou bouddhiste, ou islamique, par exemple, « crie » pour être appelée à la Lumière, en « obligeant » de cette façon le Tout-Miséricordieux à la satisfaire (c'est, en un sens, l'*Abyssus abyssum invocat* du *Psaume* XLII). Et tout comme le Tout-Miséricordieux a créé l'homme (*ar-Raḥmân khalaqa 'l-insân*), il a « enseigné le Coran » (*'allama 'l-Qur'ân*) afin de « satisfaire », dans ce cas précis, l'Oumma musulmane.

Par conséquent, la prédisposition ainsi comprise n'est rien d'autre que la « capacité » d'assumer un certain archétype spirituel, et "qui dit capacité, dit vocation"[110] de sorte que nous pouvons établir un lien avec ce que nous avons dit auparavant à propos de cette dernière. Or, de même qu'il existe cette prédisposition collective majeure (si l'on peut l'appeler ainsi), il existe aussi, en son sein, diverses prédispositions collectives « mineures », c'est-à-dire diverses « vocations » qui se situent sur l'axe d'un « Seigneur » particulier, comme nous l'avons dit plus haut, ce qui

---

[110] F. Schuon, *Comprendre l'Islam*, *op. cit.*, p. 180.

signifie qu'elles représentent des points de vue « limités », mais transcendants ; car si "les Anges sont les canaux « objectifs » de l'Esprit-Saint"[111], d'autre part "les Anges sont des intelligences limitées à tel ou tel « aspect » de la Divinité ; un état angélique est par conséquent une sorte de « point de vue » transcendant"[112].

Étant donné les différents degrés existants dans l'ordre angélique, il s'ensuit qu'il doit nécessairement y avoir une hiérarchie entre ces différents « points de vue », qui doit se traduire par un « sommet » métaphysique différent pour les vocations respectives que chaque « Seigneur » collectif régit. Et l'un des aspects que nous aimerions le plus souligner en ce qui concerne ces possibles vocations collectives au sein d'une vocation globale, c'est le fait qu'elles constituent véritablement une hiérarchie en fonction du « sommet » métaphysique qui régit chacune d'elles.

Et pour traiter ce point, nous allons faire un très long détour — que certains jugeront peut-être excessif [113] — pour chercher quelques clés qui nous semblent très pertinentes pour notre propos et qui nous sont offertes par l'œuvre du grand maître bouddhiste japonais Kûkai.

---

111 F. Schuon, *Comprendre l'Islam*, *op. cit*, p. 178, n. 1.

112 F. Schuon, *De l'Unité transcendante...*, *op. cit.*, p. 22, note 2. On dit que l'essence intellectuelle de l'homme n'est pas de même nature que celle des anges, car la première atteint le niveau du *Lâhût*, alors que les anges ont des positions fixes, comme on le voit par exemple dans Coran 37 : 164 : "*Il n'y en a pas un, parmi nous, qui n'ait pas sa place assignée*" (littéralement, « connue », *ma'lûm*).

113 C'est parce qu'ils ne perçoivent pas, peut-être, le lien subtil qui unit toutes les traditions. Comme le dit Schuon, "les différentes perspectives religieuses paraissent irréconciliables, mais c'est seulement parce que nous ne percevons pas le lien inexprimé qui les unit ; c'est-à-dire qu'elles ne sont pas plus contradictoires que les points situés sur un même cercle, et qui ne paraissent en divergence ou en opposition que lorsque nous ne voyons pas le cercle qui les unit et qui est leur réalité sous-jacente et par là même leur essence commune" (*Logique et Transcendance*, Paris, Éditions Traditionnelles, 1972, p. 206).

VI

KÛKAI

Connu surtout sous son titre posthume de Kôbô Daishi, « le Grand Maître qui répand le Dharma partout », Kûkai (774-835), fondateur du bouddhisme Shingon (forme japonaise du Vajrayâna) et l'un des pères de la civilisation japonaise, fut l'une des plus éminentes figures de la spiritualité de tous les temps[114], et son œuvre constitue une référence obligatoire pour pénétrer l'univers profond de l'ésotérisme quintessentiel dans son expression bouddhique.

Nous n'allons pas ici présenter le personnage ni commenter ses multiples et exceptionnelles réalisations, car cela serait hors de propos dans ce travail, mais nous nous bornerons à résumer l'un des points cardinaux de sa doctrine en vue de l'incorporer à notre thèse fondamentale[115].

En partant de la distinction entre ce que l'on appelle en japonais *mikkyô* (littéralement, l'« enseignement secret », mot que les traducteurs en langues occidentales rendent convenablement par « ésotérisme ») et ce que l'on appelle *kengyô* (littéralement, l'« enseignement révélé »), qui correspond à l'exotérisme,

---

[114] En termes islamiques, il serait appelé un *mujaddid* (« restaurateur ») ou bien un *muḥyi 'd-dîn* (« revificateur de la religion »).

[115] Notre principale source pour ce résumé sera Yoshito S. Hakeda, *Kûkai : Major Works, Translated, with an Account of His Life and a Study of His Thought*, New York, Columbia University Press, 1972, qui est une présentation claire et très utile de tout ce qui concerne Kûkai et son œuvre.

Kûkai affirmait que toutes les doctrines des différentes écoles bouddhistes (y compris celles du bouddhisme mahayanique) sont « exotériques » car elles dérivent, d'une manière ou d'une autre, des enseignements du Bouddha Sakyamuni, le Bouddha historique, alors que le bouddhisme Shingon est la seule école qui mérite le titre d'« ésotérique » parce qu'elle relève directement de l'« enseignement » du Bouddha Dharmakâya[116], c'est-à-dire de l'Essence universelle et éternelle de la bouddhéité, que l'on appelle aussi l'Adi-Buddha, le Bouddha suprême, et que Kûkai identifie à Mahâvairocana (en japonais, Dainichi Nyorai), le « Grand Soleil », qui sera plus tard assimilé à la déesse shintoïste Amaterasu[117].

À l'objection selon laquelle certains *sûtras* exprimant les enseignements du Bouddha historique sont traditionnellement considérés comme ésotériques[118], Kûkai répond : "Les significations des termes « exotérique » et « ésotérique » sont variées.

---

[116] Rappelons ici que dans le Mahâyâna une distinction est faite entre le *nirmâna-kâya*, le corps terrestre du Bouddha, le *sambhoga-kâya*, le corps béatifique ou céleste, et le *dharma-kâya*, le « corps du Dharma », qui correspond à l'essence de la bouddhéité. Or, en stricte conformité avec la distinction qu'il établit, pour Kûkai l'enseignement donné par le Bouddha Sambhoga-kâya aux *bodhisattvas* de rang supérieur était également exotérique.

[117] Selon Kûkai, cet « enseignement » était contenu, pour l'essentiel, dans deux *sûtras* mahayaniques, le *Mahâvairocana Sûtra* (en japonais, *Dainichikyô)* et le *Vajrashekhara Sûtra* (en japonais, *Kongôchôkyô*).

D'autre part, on fait remonter la chaîne de transmission du Dharma (la « *silsila* ») reliant Kûkai à son maître Hui-kuo, et ce dernier au grand maître (*âchârya*) d'origine indienne Amoghavajra (Pu-k'ung, en chinois), également à Mahâvairocana lui-même.

[118] Schuon fait à cet égard cette observation pertinente : "Le *Mahâyâna* se présente parfois comme étant la doctrine, non du Bouddha terrestre — donc en *Nirmânakâya* — comme l'est le *Hinayâna*, mais du « Bouddha divin », en *Dharmakâya*. Ce qui est absolument certain, c'est que les soûtras mahâyâniques ne sauraient en aucun cas être œuvre humaine [...] quels que puissent être leurs moyens dialectiques" (*L'Œil du Cœur*, *op. cit.*, p. 116, n. 36).

Si l'on compare le plus profond avec le moins profond, on doit appeler le premier « ésotérique » et le second « exotérique ». [...] Lorsque l'on compare les doctrines du Mahâyâna à celles du Hinayâna, les premières sont ésotériques et les secondes exotériques ; et même à l'intérieur du Mahâyâna, les enseignements du Véhicule Unique sont ésotériques par opposition à ceux des Trois Véhicules [...], mais le terme « ésotérique » dans son sens propre doit être appliqué uniquement à l'enseignement secret qui révèle l'expérience intime du Bouddha Dharmakâya"[119]. Et cette doctrine nous renvoie immédiatement à celle exposée de nos jours par Frithjof Schuon, et que nous allons prendre ici comme référence fondamentale.

En effet, l'un des points essentiels de la doctrine de F. Schuon est la distinction entre un ésotérisme quintessentiel et un ésotérisme excessivement solidaire d'une certaine forme religieuse, point sur lequel il n'a cessé d'insister tout au long de son œuvre et qu'il a appliqué particulièrement au cas du soufisme. Nous citerons cependant ci-dessous un bref résumé qu'il a fait lui-même de sa doctrine à cet égard, dans lequel il ne parle d'aucune tradition particulière, ses paroles pouvant donc s'appliquer à n'importe laquelle d'entre elles. Il dit : "Le mot « ésotérisme » désigne, non seulement la vérité totale en tant qu'elle s'insère, en se colorant, dans un système de vérité partielle, mais aussi la vérité totale en soi, laquelle est incolore. [...] En effet, l'ésotérisme en soi est la métaphysique tout court, à laquelle se joint nécessairement une méthode de réalisation appropriée ; l'ésotérisme de telle religion — de tel exotérisme précisément — s'adapte au contraire à cette religion et entre par là dans des méandres théologiques, psychologiques et légalistes étrangers à sa nature, tout en conservant en son centre secret son

[119] *Benkenmitsu nikyô ron*, « Comparaison des Bouddhismes exotérique et ésotérique », dans Hakeda, *Kûkai...*, *op. cit.*, pp. 156-157.

caractère authentique et plénier, sans quoi il ne serait pas ce qu'il est"[120].

Retenons donc pour l'instant cette distinction fondamentale, qui trouvera son recoupement avec la thèse que nous soutenons dans cet ouvrage, et revenons à Kûkai.

Son ouvrage le plus important, *Les dix étapes de l'évolution de la conscience* (*Jûjûshin ron*), une vaste somme en dix volumes écrite en chinois et composée de quelque 75 000 idéogrammes[121], décrit par ordre croissant les dix étapes dans lesquelles Kûkai situe l'évolution de la conscience humaine, allant de celle de l'homme fruste aux appétits grossiers à celle de l'homme qui a parfaitement réalisé le but de la voie Shingon. En résumé, les dix étapes sont les suivantes :

1. La conscience de l'homme aux appétits grossiers et comportement instinctif et impulsif, qui est en plus ignorant de sa propre condition. À ce stade, les hommes sont dépourvus de valeurs morales et spirituelles et se distinguent à peine des animaux.

2. La conscience de l'homme encore ignorant et enfantin, mais modéré dans ses appétits. À ce stade, une conscience morale émerge et il y a de la sensibilité envers les autres, ce qui se traduit par la pratique des vertus sociales. Kûkai assimile ce degré à la doctrine de Confucius telle qu'elle est communément comprise. C'est le niveau dont le sommet ne dépasse pas celui de la vie morale.

3. La conscience de l'homme enfantin, mais sans crainte, qui a la certitude d'atteindre le ciel, dont il ne connaît cependant pas la nature. Cette étape est régie par la mentalité littéraliste et individualiste, car sa foi en une renaissance supé-

---

[120] *Résumé de Métaphysique intégrale*, rééd. Paris, L'Harmattan, coll. Théôria, p. 65.

[121] Il a ensuite résumé ce travail — apparemment à la demande de l'empereur — dans ce qu'il a appelé *La précieuse clé du trésor secret* (*Hizô hôyaku*), qui est une réduction à un cinquième du travail précédent.

rieure, en plus d'être littérale, révèle son attachement à l'ego transitoire, qu'il souhaite préserver. Kûkai inclut dans ce grade le taoïsme et le brahmanisme populaires, qui ne comprennent qu'à ce niveau leurs doctrines respectives.

Ces trois degrés, bien que très différents les uns des autres, se caractérisent par leur attachement commun au monde et à l'ego.

4. La conscience qui ne reconnaît plus l'existence d'un ego permanent et comprend que l'ego transitoire est simplement constitué des cinq *skandhas* ou agrégats. Ce degré correspond au *sravakayâna* du bouddhisme Hinayâna.

5. La conscience qui comprend la semence de la cause du *karma* et cherche à l'extirper. Son aspiration la plus élevée est l'extinction personnelle dans le *Nirvâna*. Il correspond au niveau du *pratyeka-buddha* du bouddhisme Hinayâna, qui sait comment atteindre l'illumination pour lui-même mais ignore l'*upâya* pour aider les autres à atteindre le même but.

6. La conscience qui a déjà développé une sollicitude compatissante (*karûnâ*) pour les autres. Avec ce degré nous pénétrons dans le domaine du Mahâyâna, et pour Kûkai ce niveau de conscience était représenté au Japon par l'école Hossô (Fa-Hsiang en Chine, qui correspond à l'école Yogâcâra) et avait pour origine le *samâdhi* du *bodhisattva* Maitreya (en japonais, Miroku).

Ces trois degrés représentent un changement fondamental de la conscience, qui s'éloigne des distractions du monde transitoire et aspire au monde plus réel auquel on accède par la contemplation spirituelle.

7. La conscience qui voit que l'esprit est incréé, et donc sans origine et sans fin. Cette conscience est fondée sur la subtile dialectique développée par Nâgârjuna, connue sous le nom de « l'octuple négation », dans laquelle aucune notion, qu'elle soit négative ou affirmative, ne peut être considérée comme définitive, afin d'éliminer toutes les conceptions qui entravent le

travail de l'esprit s'efforçant de trouver la Vérité. Ici, la conscience saisit la Vacuité (*shunyata*) essentielle des choses et, comme effet de ceci, même la vacuité de la Vacuité elle-même. Pour Kûkai, ce degré était représenté au Japon par l'école Sanron (San-lun en Chine, qui correspond à l'école Mâdhyamika) et trouvait son origine dans le *samâdhi* du *bodhisattva* Mañjushrî (en japonais, Monju).

8. La conscience qui est totalement en harmonie avec la Voie unique. Ici, le Bouddha est conçu comme la Réalité omniprésente. Pour Kûkai, ce degré était représenté par l'école Tendai (T'ien T'ai en Chine, qui correspond à l'école basée sur le *Saddharma-pundarîka Sûtra*) et trouvait son origine dans le *samâdhi* du *bodhisattva* Avalokiteshvara (en japonais, Kannon ou Kwannon).

9. La conscience bouddhiste exotérique plus profonde, qui réalise sa Nature immuable. On y reconnaît l'origination interdépendante du *dharmadhatu*, le royaume du Dharma, au-delà duquel se trouvent la pleine réalisation et l'illumination. Ce degré est représenté, pour Kûkai, par l'école Kegon (Hua-yen en Chine, correspondant à l'école basée sur l'*Avatamsaka Sûtra*) et a pour origine le *samâdhi* du *bodhisattva* Samantabhadra (en japonais, Fugen).

Selon Kûkai, ces deux derniers degrés sont limités car ils restent purement théoriques, tandis que le stade supérieur, représenté par le Shingon, implique la véritable réalisation de la vérité fondamentale que ces deux écoles postulent.

10. La conscience qui s'identifie pleinement à Mahâvairocana, l'essence pure de la Bouddhéité, à la fois transcendante et immanente. Pour Kûkai, seul le Shingon (Ch'en-yen en Chine, correspondant au Vajrayâna ou Mantrayâna) permet de réaliser pleinement cette identification, car cette école à son origine dans le *samâdhi* de Mahâvairocana lui-même.

ശ

Il n'existe pas, à notre connaissance, une telle classification dans le soufisme, et nous n'y pouvons trouver que des analogies plus ou moins proches. Nous avons, par exemple, la classification que l'on trouve chez al-Qâshânî, qui divise les types humains en sept degrés selon leur prédisposition essentielle, qui peuvent donner lieu à autant de destins posthumes, lesquels, à leur tour, peuvent aussi être compris comme des degrés de réalisation spirituelle ; car comme le dit Pierre Lory, synthétisant la doctrine de Qâshânî à ce sujet, il y a “complète coïncidence entre le sort individuel dans l'Au-delà et le niveau de réalisation spirituelle de chaque individu”[122]. Cette classification de Qâshânî se base sur la sourate 56 du Coran, qui parle des trois types d'êtres humains selon leur destin posthume : les proches (*al-muqarrabûn*), les compagnons de la droite et ceux de la gauche, trois types qu'il subdivise en sous-groupes pour aboutir à sa classification septénaire.

Or, situés déjà sur le terrain concret de la voie spirituelle, on trouve par exemple le schéma classique *zuhhâd*, *'ubbâd*, *fuqarâ'*, *ṣûfiyya*, *malâmatiyya* (un schéma qui existe aussi avec d'autres variantes), qui étaient considérés comme les marches d'une échelle, distinguées précisément par leur sommet métaphysique respectif. Ou encore la distinction entre *akhyâr*, *abrâr* et *shaṭṭâr*, courante, notamment, dans les ordres *kubrawiyya* et *shaṭṭâriyya*. Corbin quant à lui recueille dans son *En Islam iranien*, vol. III, une classification en sept degrés qui apparaît dans un ouvrage persan anonyme : *ahl al-riyâḍa*, *ahl al-taṣawwuf*, *ahl al-ḥikma*, *'urafâ'*, *'ushshâq*, *muhahhidûn* et *wâṣilûn*. Et on pourrait en trouver beaucoup d'autres analogues.

---

[122] *Les Commentaires ésotériques du Coran d'après 'Abd ar-Razzâq al-Qâshânî*, Paris, Les Deux Océans, 1980, p. 107.

Mais, dans un certain sens, la classification qui peut le mieux correspondre à celle établie par Kûkai est la notion akbarienne des *tanazzulât*, c'est-à-dire des degrés d'être (*marâtib al-wujûd*) en tant qu'expérience de réalisation, car on y voit mieux comment le degré auquel chacun peut virtuellement parvenir est déjà déterminé par le sommet métaphysique qu'il a pour horizon. En ce sens, nous pouvons dire que, bien que certains auteurs aient établi des différenciations correctes et très opportunes entre les différentes doctrines au sein du soufisme, il n'a généralement pas été clairement spécifié que leurs différences sont effectivement déterminées par leurs sommets métaphysiques différents. Ainsi, au-delà de diagnostics généraux (mais parfaitement opportuns) comme celui que Schuon émet à l'égard de ce qu'il appelle le « soufisme moyen » (qu'il qualifie également de « pré-ésotérisme » ou de « semi-ésotérisme »), nous croyons qu'il est parfaitement légitime d'établir des distinctions dans le soufisme proprement ésotérique en fonction de ces différents sommets.

Dans un ouvrage peu connu, mais qui méritait à l'époque l'attention de Guénon, qui disait que sa lecture était « à recommander »[123] nous trouvons une formulation qui, dans sa simplicité, rend parfaitement compte de ce que nous voulons dire. Il s'agit de l'ouvrage intitulé *The Secret of Ana 'l-Haqq*, qui est la traduction anglaise du traité persan *Irshâdât al-'ârifîn* du shaykh Muḥammad Ibrâhîm Gazûr-e-Ilâhî, de Shakarkote (Inde), un soufi de la *ṭarîqa shaṭṭâriyya*, probablement du XVIIe siècle. Et dans cet ouvrage nous trouvons les affirmations suivantes : “Des soufis comme le shaykh Shihâb al-Dîn Suhrawardî [le fondateur de la *ṭarîqa suhrawardiyya*, non le *shaykh al-ishrâq*] soutiennent que dans le *fanâ'*, le *banda* [mot persan correspondant à l'arabe *'abd*] devient *ka-anna hû Hû* [comme Lui] et non *hû Hû*

[123] *Cf. Aperçus sur l'ésotérisme islamique...*, *op. cit.*, p. 136.

[identique à Lui], comme le fer dans le feu, qui devient comme le feu, mais n'est pas le feu lui-même, la réalité du fer étant bien différente de celle du feu. Dans le *Nafaḥât al-uns* [le célèbre ouvrage de Jâmî], trois cents *awliyâ'* appartiennent à cette école et les trois cents autres sont des adeptes du Shaykh al-Akbar, qui soutenait que le *banda* devient *hû Hû*". Et plus loin, il ajoute cette précision, décisive pour nous : "Cette [dernière] école voyage jusqu'à *al-Aḥadiyya* [l'Unité, qui correspond à l'Essence indifférenciée : *adh-Dhât*], tandis que le voyage de l'autre école des *mutaṣawwifa* [ceux qui aspirent à devenir soufis] n'arrive que jusqu'à *al-Wâḥidiyya* [l'Unicité]".

Cette formulation, dans sa simplicité, est peut-être la plus pertinente que l'on puisse faire ; car ce qui distingue le mieux deux systèmes doctrinaux ce sont, en définitive, leurs sommets métaphysiques respectifs, comme nous l'avons dit. Il n'est pas étonnant, d'autre part, de trouver cette formulation chez un auteur de l'Inde islamique, car cela permet de montrer que dans ce cadre privilégié de convergences traditionnelles, les préoccupations de la spéculation védantique ont été en quelque sorte transférées au soufisme.

La science occidentale n'a pas encore accordé toute l'attention qu'elle mérite aux élaborations doctrinales du soufisme sur le sol indien, où la doctrine d'Ibn 'Arabî a connu un développement particulièrement remarquable et s'est coulée, sans inconvénients, dans un moule de coloration clairement védantique. Bien que l'œuvre de Dârâ Shukôh n'ait pas été formellement poursuivie, nombreux furent les auteurs soufis de l'Inde qui élaborèrent une doctrine parfaitement représentative de la gnose islamique, mais, en même temps, particulièrement proche de la métaphysique du Vedanta.

Pour revenir à l'affirmation de Gazûr-e-Ilâhî, ce qui est important pour nous, c'est que, dans un certain sens, la distinction qu'il établit entre *al-Aḥadiyya* et *al-Wâḥidiyya* en tant que niveaux de réalisation ou, plutôt, en tant que sommets métaphysiques qui déterminent une certaine orientation de réalisation, peut facilement être ramenée à la distinction schuonienne entre l'ésotérisme quintessentiel et l'ésotérisme d'une religion donnée, ou, ce qui revient au même, à la distinction que Kûkai établit entre l'ésotérisme proprement dit et l'ésotérisme relatif. Car ce n'est que par la conception précise du degré d'*al-Aḥadiyya* et de ce qu'implique l'absorption dans ce degré qu'une doctrine métaphysique peut être considérée comme proprement ésotérique, en tant qu'exposition fidèle de la vraie nature de la Réalité non-duelle.

ഗ

Dans ce contexte, il nous faut revenir maintenant à la classification de Kûkai afin de préciser que ce qui nous intéresse particulièrement ici c'est son affirmation selon laquelle les différentes écoles du Mahâyâna qu'il rattache aux degrés six à neuf de l'évolution de la conscience, tout en représentant chacune un aspect de la Sagesse de Mahâvairocana, explicitent en réalité le *samâdhi* d'un *bodhisattva* donné. Nous allons voir donc, dans le chapitre suivant, ce qu'est un *bodhisattva* aux fins qui nous intéressent ici et ce que nous devons comprendre par *samâdhi* dans ce cas, pour vérifier si tout cela peut être utile pour nos objectifs.

VII

BODHISATTVAS

Schuon dit que “le *Bodhisattva* est, d'une part, le saint qui a réalisé tel état angélique, ou dans lequel cet état « s'incarne » de la façon la plus directe, et d'autre part il est cet état même, qui en effet s'arrête au seuil du *Nirvâna*, puisque l'Ange comme tel ne peut devenir Dieu. [...] Vue sous cet angle, la transmigration sacrificielle et presque indéfinie du *Bodhisattva* n'est pas tant l'enchaînement des vies successives d'une même âme que l'individualisation répétée et multiple, donc diverse dans le temps et l'espace, d'un état angélique. De même que les Archanges cristallisent des Noms divins dans la manifestation informelle, au sommet du macrocosme, les *Bodhisattvas* reflètent les Bouddhas principes”[124]. Et ailleurs il précise qu'“il faut distinguer le *Bodhisattva* personnel et transmigrateur d'avec le *Bodhisattva* céleste ou universel, et doué d'ubiquité : le premier, s'il n'est pas simplement une manifestation du second [c'est précisément cette possibilité que nous voulons retenir ici], accumule des mérites par ses vertus et ses actes ; le second est l'émanation cosmique d'un Bouddha ou, autrement dit — en termes occidentaux —, il est l'archange qui manifeste telle Qualité divine”[125].

---

[124] *Images de l'Esprit. Shinto, Bouddhisme, Yoga,* Paris, L'Harmattan, 2021, p. 87.

[125] *L'Œil du Cœur, op. cit.*, pp. 74-75.

Les quatre *bodhisattvas* que Kûkai place à l'origine des écoles respectives sont tous des *bodhisattvas* célestes, et deux d'entre eux (Samantabhadra et Avalokiteshvara) sont des *dhyani-bodhisattvas*, à savoir, les « émanations » spirituelles de ce que l'on appelle dans le Vajrayâna les Dhyâni-Buddhas, les « Bouddhas de la méditation », qui sont les Bouddhas universels (ceux que, comme nous venons de le voir, Schuon appelle les « Bouddhas principes »), issus par projection de l'Adi-Buddha. Ces bouddhas universels sont au nombre de cinq et correspondent, comme le souligne Schuon[126], aux quatre archanges de l'Islam, et le cinquième, Vairocana[127], est l'équivalent d'*ar-Rûḥ*[128].

Or, deux de ces *bodhisattvas* célestes, à savoir Samantabhadra et Mañjushrî, sont également présentés dans les sources bouddhiques comme des disciples du Bouddha historique, avec lequel ils forment ce qu'on appelle dans le Mahâyâna la « trinité *Shakya-muni* », et nous devons retenir ce détail de leur double dimension céleste et terrestre, car il est particulièrement pertinent pour notre propos.

ೞ

Passons maintenant à un autre concept clé, celui de *samâdhi*. Dans la doctrine de Kûkai, le mot *samâdhi* (*jô*, en

---

[126] *Cf. Forme et Substance...*, *op. cit.*, p. 143, n. 8.

[127] Les quatre autres Dhyâni-Buddhas sont : Aksôbhya (en japonais, Ashuku), Ratnasambhava (en japonais, Hôshô), Amithâba (en japonais, Amida), et Amôghasiddhi (en japonais, Fukûjôju), et chacun d'entre eux est analogiquement relié à un point cardinal et à l'un des éléments de base. Et les *bodhisattvas* qui « émanent » de chacun d'eux sont, respectivement, Vajrapani, Ratnapani, Avalokiteshvara et Visvapani, Samantabhadra étant l'« émanation » de Vairocana.

[128] Vairocana correspond, nous l'avons dit, à *ar-Rûḥ* dans la métaphysique soufie, mais la conception de Mahâvairocana dans le Shingon implique l'intégration de *Atmâ*, *Ishvara* et *Buddhi* en une seule notion, comme le souligne Schuon (*cf. Images de l'Esprit*, *op. cit.*, p. 67).

japonais) est en quelque sorte interchangeable avec *yoga* (qui correspondrait à l'*ittiḥâd* du soufisme) et avec *dhyana* (*zen*, en japonais). La notion de *samâdhi* est courante dans l'hindouisme, d'où elle est passée au bouddhisme, en conservant son sens fondamental d'« entrée du soi dans le Soi » (« *entering self into Self* »), comme le traduit Hakeda dans l'ouvrage cité ci-dessus ; définition qui nous rappelle ce que disait Coomaraswamy, pour qui le « Grand Œuvre » est "d'accomplir la réunion de l'essence avec l'Essence"[129].

Or, en attribuant l'origine de chacune de ces quatre écoles du Mahâyâna au *samâdhi* d'un *bodhisattva* respectif, Kûkai donnait à cette notion, également, une dimension « créative » qui peut parfaitement être mise en relation avec ce qu'Ibn 'Arabî appelle la « *himma* du gnostique », que Corbin traduit par le mot grec *enthymesis.* Selon ce dernier, ce mot "signifie l'acte de méditer, concevoir, imaginer, projeter, désirer ardemment, c'est-à-dire avoir présent dans le *thymos,* lequel est force vitale, âme, cœur, intention, pensée, désir. Rappelons-nous que dans la Gnose valentinienne, l'*enthymèse* est l'*intention* conçue par le trentième Éon, Sophia, dans son élan pour comprendre la grandeur de l'Être inengendré. Or, cette intention se détache d'elle, revêt une existence séparée ; c'est la Sophia extérieure au Plérôme, mais de substance pneumatique. La puissance d'une *intention* telle qu'elle projette et réalise (« essencifie ») un être extérieur à celui qui la conçoit, correspond tout à fait au caractère propre de cette puissance mystérieuse qu'Ibn 'Arabî désigne comme *himma*"[130]. Et puis Corbin cite les propres mots d'Ibn 'Arabî : "Par sa *himma*, le gnostique *crée* quelque chose qui existe en dehors du siège de cette faculté" (*id.*, p. 172).

---

[129] *Cf.* « Sur la pertinence de la philosophie » *in* A.K. Coomaraswamy, *Essais métaphysiques*, Paris, L'Harmattan, coll. Théôria, 2022, p. 52.

[130] *L'Imagination créatrice...* , *op. cit.*, pp. 171-172.

C'est donc dans ce sens qu'il faut comprendre la notion de *samâdhi* des différents *bodhisattvas* comme étant à l'origine des écoles mahayaniques respectives. Et cette conception est très proche, en réalité, de celle de la cause exemplaire, quoiqu'envisagée d'une manière que l'on pourrait dire « dynamique ». C'est-à-dire que l'état d'« absorption » du *bodhisattva* forme une entité de nature spirituelle qui devient une cause, non par son action, mais par sa propre perfection, conformément à la conception platonicienne, pour laquelle les puissances créatrices imposent les formes par leur simple présence[131].

ග

Compte tenu de tout cela, nous devons dire que, pour notre propos, l'intérêt de ce schéma est double, car on constate, d'une part, que — comme nous l'avons dit — les différences entre doctrines se ramènent à la détermination d'un « sommet métaphysique » distinct pour chacune d'elles, perspective propre à la gnose, et, d'autre part, que ces différentes doctrines sont le résultat, dans chaque cas, du *samâdhi* d'un *bodhisattva* particulier. Et notre proposition est donc que ce schéma peut être appliqué analogiquement au cas du soufisme, dans l'étude duquel, à notre connaissance, de telles considérations n'ont jamais été introduites.

Bien sûr, nous n'avons pas l'intention d'assimiler le soufisme à un *bodhisattva-yâna*, assimilation qui serait clairement illégitime, mais nous avons l'intention d'extrapoler des éléments qui peuvent contribuer à l'expliquer sous un jour nouveau. Et pour cela, il s'agirait notamment de voir s'il est

---

[131] Kûkai parle également du *samâdhi* éternel du Bouddha Dharmakâya (Mahâvairocana), qui s'exprime inconditionnellement dans la doctrine contenue dans les textes qui servent de base au bouddhisme Shingon, expression de la vérité totale.

possible de vérifier l'existence de quelques « *bodhisattvas* » dans l'Islam naissant, en comprenant ce mot dans le sens que nous avons vu explicité plus haut par Schuon.

Pour nous, un détail qui nous permettrait de reconnaître cette dignité dans les membres de la première communauté musulmane est, surtout, l'allusion de la part du Prophète à la condition paradisiaque de certains d'entre eux. Nous avons, par exemple, le *ḥadîth* bien connu dans lequel le Prophète déclare : "*Le paradis soupire pour trois hommes : 'Alî, 'Ammâr* (Ibn Yâsir) *et Salmân*" (*Sunan* de Tirmidhî, n° 3797), auquel on pourrait ajouter d'autres analogues. Nous croyons que cela peut parfaitement être interprété comme signifiant que la « demeure originaire » de ces personnages était le Paradis, ce que nous pouvons rapprocher de ces affirmations de Schuon : "Ajoutons que pour le *Bodhisattva* céleste, qui même en « s'incarnant » ne quitte pas son Paradis, « s'incarner » peut signifier aussi « déléguer un pouvoir », et c'est en ce sens qu'on peut qualifier tel saint ou tel grand lama d'« incarnation » d'*Avalokiteshvara* ou de *Manjushrî*" [132].

Comme nous le disions, à ces trois figures qui apparaissent dans le *ḥadîth* cité plus haut, on pourrait facilement en ajouter d'autres qui répondraient au même profil ou à un profil analogue, dans la mesure où elles ont fait l'objet de commentaires allant dans le même sens de la part du Prophète. Comme par exemple, dans un registre quelque peu différent, le *ḥadîth* suivant, contenu dans les *Sunan* d'Ibn Mâja : "*Dieu m'a ordonné d'aimer quatre hommes, et Il m'a informé qu'Il les aime. Ils lui demandèrent : Oh Messager de Dieu, qui sont-ils ? Il répondit : Alî est l'un d'entre eux (et le répéta trois fois) et les autres sont Abû Dharr* (al-Ghiffârî), *Salmân et Miqdâd* (al-Aswad)". Et, en effet, ces derniers, auxquels on pourrait encore ajouter les

---

[132] *L'Œil du Cœur*, *op. cit*, p. 105.

noms de ʻImrân ibn al-Husayn al-Khuzâʻî, ʻAmr ibn Umayya al-Damrî et Hudhayfa ibn al-Jamân, entre autres, sont tous considérés surtout comme des « prototypes » des soufis, distingués dans ce rôle au sein du groupe des *ahl aṣ-ṣuffa*, auxquels on attribue globalement ce statut de modèles originaux du soufisme, même si — comme l'a souligné quelqu'un — tous les *ahl aṣ-ṣuffa* n'étaient pas des mystiques au sens strict.

Or, manquant totalement de la pénétration de Kûkai, il serait téméraire de notre part d'associer certaines écoles du soufisme à l'une ou l'autre de ces figures, outre le fait que dans le soufisme les niveaux apparaissent beaucoup plus entremêlés. Ainsi, nous nous bornerons, pour des raisons qui s'éclairciront d'elles-mêmes, à deux figures qui apparaissent, du moins, comme de vraies incarnations de deux attitudes qui peuvent parfaitement être ramenées à la séparation que nous avons établie, suivant Schuon, entre l'ésotérisme d'une religion donnée et l'ésotérisme quintessentiel : Salmân et Uways al-Qaranî, respectivement.

VIII

SALMÂN

Salmân al-Fârisî (le persan) ou Salmân Pâk (le pur) fut l'une des figures les plus marquantes de l'islam naissant, mais alors que dans le chiisme et surtout dans certaines sectes ismaéliennes extrêmes ce personnage a rapidement acquis une importance exceptionnelle et a été investi des attributs les plus éminents[133], son rôle au sein du soufisme n'a guère été souligné, bien qu'Ibn 'Arabî, par exemple, l'ait présenté comme le prototype du Pôle (*quṭb*) dans ses *Futûḥât-al-Makkiyya*.

Rappelons d'abord, brièvement, quelques faits plus ou moins reconnus historiquement sur ce personnage auréolé de légende et sur lequel on a très peu écrit en Occident[134].

Né de parents zoroastriens[135] à Djay, l'un des deux noyaux urbains qui ont donné naissance à la ville d'Ispahan (encore une fois « la plus splendide des villes »)[136], il part très jeune pour la

---

[133] Qui vont jusqu'à sa quasi-divinisation, à l'instar de ce qui s'est passé avec 'Alî.

[134] L'étude classique et encore aujourd'hui la référence majeure sur cette figure est l'ouvrage de Massignon, publié en 1934, *Salmân Pâk et les prémices spirituelles de l'Islam iranien,* un remarquable exercice d'érudition qui n'offre cependant pas le moindre discernement de la dimension spirituelle de cette figure.

[135] Certains prétendent même que Salmân est devenu un prêtre de la religion zoroastrienne.

[136] Salmân était le fils du *dehqân* (chef local ; littéralement « seigneur du peuple », *deh-qân*), un membre de la petite noblesse rurale, qui maintenait en

Syrie en vue de satisfaire une intense aspiration spirituelle. Il devient chrétien, et c'est de la bouche du dernier de ses maîtres successifs, un saint chrétien du nord de l'Irak, qu'il entend parler du Prophète qui doit venir « avec la religion d'Abraham le *ḥanîf* ». Enfin, il réussit à rencontrer Muhammad, en qui il reconnaît les signes de la prophétie qui lui avaient été indiqués par ses maîtres chrétiens, et il ne se sépare plus de lui. Un jour, le Prophète, à cause d'une dispute entre les Auxiliaires et les Émigrés, déclare : "*Salmân est l'un des nôtres, nous, gens de la Maison ; qu'il soit pour vous comme le sage Luqmân ; il connaît la science première* [ou des premiers] *et la science dernière* [ou des derniers], *et le Paradis soupire après lui cinq fois par jour*". Ce *ḥadîth* a été invoqué de manière particulièrement accentuée dans le chiisme et le grand théosophe chiite Haydar Âmolî le commenta en disant que cela signifiait l'accession de Salmân à la « Maison de la science, de la gnose et de la sagesse » (*Bayt al-'ilm wa 'l-ma'rifa wa 'l ḥikma*)[137].

Nous voyons ici deux données, en particulier, du plus grand intérêt : d'une part, cette référence, une fois de plus, à la « nostalgie » que le Paradis éprouvait pour Salmân et, d'autre part, cette assimilation à Luqmân, le prototype classique, dans l'Orient islamique, de la sagesse intemporelle ; et cette assimilation se répète dans l'un des *ḥadîth*-s attribués à 'Alî, qui reproduit à son compte les paroles du Prophète se référant à Salmân. Mais voyons d'autres données pertinentes concernant ce dernier.

Son nom d'origine, semble-t-il, était Rôzbeh (d'autres sont également mentionnés, notamment Mâhbeh ou Mâyeh), et le

---

vie les anciennes traditions persanes. Le poète national persan, Firdowsî, était également issu d'une famille de *dehâqin* (pl. de *dehqân*).

137 Cité dans Henry Corbin, *Histoire de la philosophie islamique* I, Paris, Gallimard, 1964, p. 91.

nom de Salmân sous lequel il a été connu lui aurait été donné par le Prophète lui-même. Or, ce nom est étroitement lié à celui de Sulaymân (ce dernier serait, en fait, un diminutif du premier), et Salomon a dans la tradition islamique un lien particulier avec la Perse. En effet, la tradition persane islamisée a notamment cherché à identifier Salomon au souverain mythique Jamshîd, le « souverain du Graal » comme on l'a appelé, puisque la mythologie lui attribue la possession de la coupe (*jâm*, en persan) dans laquelle il pouvait contempler, comme dans un miroir, toutes les réalités du monde ; coupe que l'on appelle *jâm-i Jam* ou *jâm-i Jamshîd*, et qui n'est qu'un symbole de l'Intellect universel. Et cette assimilation de Salomon à Jamshîd a pour effet, par exemple, que Persépolis (en persan *Tâq-i Jamshîd*, le « Trône de Jamshîd ») était considérée par Sohravardî (le *shaykh al-ishrâq*) comme un « lieu habité par l'esprit salomonien », dans une citation reprise par Corbin, à laquelle on pourrait ajouter celle du célèbre poète Saadi de Chiraz, qui célébrait le Fârs comme "cette province où se trouvaient le trône de Salomon et la cour du secret".

Salomon est particulièrement intéressant dans le contexte dans lequel nous nous plaçons, car il est le possesseur par excellence, comme nous l'avons déjà souligné, du *manṭiq aṭ-ṭayr,* le « langage des oiseaux », ainsi que le prophète de l'universalisme (comme l'analyse très bien Schuon dans *L'Unité transcendante..., op. cit.,* p. 54 *sqq.*) et l'un des exemples classiques du sage. Et cette dernière caractéristique nous conduit encore une fois de plus à l'assimilation de Salmân au sage Luqmân et à la constatation qu'on attribue précisément à Salmân d'être l'un des représentants de cette fonction de sagesse éternelle qui transcende les peuples et les religions. Mais, en outre, cette référence à Salomon nous oblige à ouvrir ici une parenthèse et revenir à l'ouvrage d'Ibn 'Arabî que nous avons citée dans la première partie, car nous pouvons y trouver aussi quelques données pertinentes pour notre propos.

On lit dans *Tarjumân* IV, 1 : "Salutations à Salmâ (*salâmun ilâ Salmâ*) et à tous ceux qui habitent l'enceinte gardée *(ḥimâ)*", qu'Ibn 'Arabî explique ainsi dans son commentaire : "Par le nom de Salmâ, il est fait allusion à un « État salomonien » *(ḥâlat sulaymâniyya)* descendant de la « station de Salomon » (*maqâm Sulaymân*) en vertu d'un héritage prophétique (*mîrâth nabawî*). Ceux qui vivent dans l'enceinte gardée sont ceux qui ont une affinité avec cette disposition spirituelle. Par l'expression « enceinte gardée », il est indiqué qu'elle réside dans une station qui ne peut être atteinte, celle de la Prophétie, dont la porte est fermée [avec Muhammad].... L'expérience spirituelle (*dhawq*) de cette sagesse de Salomon correspond au fait qu'il était un prophète et non un saint, et nous ne pouvons la partager avec lui que sous ce dernier aspect, car notre expérience spirituelle découle de la sainteté (*al-wilâya*), qui est la « sphère majeure » (*al-dâ'ira al-'uẓmâ*)".

Examinons également d'autres poèmes :

XX, 13 : "Et rappelle-moi l'histoire de Hind, de Lubnâ, de Sulaymâ, et aussi de Zaynab et de 'Inân". Dans le commentaire, Ibn 'Arabî indique que par le nom de Sulaymâ il fait référence à une « sagesse de Salomon et de Bilqîs » *(ḥikmat sulaymâniyya bilqîsiyya)*, c'est-à-dire de la réunion mystique de l'Intellect avec l'âme, comme le glosera par exemple un Nizâmî.

LXI, 6-7 : "Je jure par Dhû 'l-Khasamât[138] puis par Sindâd que j'ai reçu la caution de Salmâ. Oui, je jure que je suis follement amoureux de celle qui vivait à Ajyâd". Commentaire: "De Salmâ", c'est-à-dire d'une « station salomonique » (*maqâm Sulaymânî*).

---

[138] Ainsi dans l'édition de Beyrouth ; dans celle de Nicholson, Khadimât.

Dans cette perspective, nous pensons qu'il ne serait donc pas abusif de voir en Salmân (nom qui est le masculin de Salmâ, comme Sulaymân est celui de Sulaymâ) une personnification du « *samâdhi* » de Sulaymân, ou, plutôt, de voir en lui une nouvelle « incarnation » de ce qui fut autrefois incarné par Salomon. Cela ferait également de Salmân (maintenant en termes islamiques) une manifestation éminente (ou centrale) de la *Ḥikma raḥmâniyya*, qui est la forme de sagesse qu'Ibn 'Arabî associe à la figure de Salomon. Corbin insiste sur ce point : "Si Belqis, la reine de Saba, et *Salma* (comme typifiant l'expérience mystique de *Salomon*), sont d'autres noms de la jeune fille Nezâm en tant que figure de la Sophia (*Hikmat*), un lien idéal mais significatif se trouve ainsi établi entre cette sophiologie et la « Sophia salomonienne », c'est-à-dire les livres sapientiaux qui ont été les sources de la sophiologie dans le christianisme"[139]. Et encore : "Le roi Salomon est pour notre shaykh, sinon le traditionnel auteur de la littérature sapientielle biblique, du moins le prophète en qui il typifie le don de la « Sagesse de Compatissance » (*hikmat rahmânîya*, *cf. Fosûs*, chap. XVI), c'est-à-dire en propre la religion sophianique des Fidèles d'Amour" (*id.*, p. 252), « religion » dont Corbin lui-même a pris soin de démontrer de manière suffisante la relation particulière qu'elle garde avec la Perse, ce qui nous dispense de nous y attarder davantage ici.

Mais revenons à Salmân. La figure de Salmân est traditionnellement interprétée, schématiquement, de trois points de vue différents:

D'une part, et à son niveau le plus contingent, Salmân serait, comme le dit Marijan Molé, le représentant des "milliers de *mawâlî* [clients] non arabes, dont l'adhésion à l'islam permit

---

[139] *L'Imagination créatrice...*, *op. cit.*, p. 249.

à ce dernier de surmonter la tentation de n'être qu'un autre judaïsme"[140]. En ce sens, Gaudefroy-Demombynes affirme que la légende a fait de Salmân "le prototype transcendant de l'Iranien musulman"[141]. En effet, Salmân est devenu un héros national de la Perse islamisée et un personnage favori de la *shu'ûbiyya*, le mouvement d'affirmation nationale qui cherchait, entre autres objectifs, à rétablir le persan comme langue littéraire et réduire l'usage de l'arabe aux sciences théologiques.

En revanche, dans le chiisme et l'ismaélisme, notamment dans l'imamologie de l'ismaélisme réformé d'Alamut, Salmân aurait joué pour le Prophète de l'Islam le rôle d'initiateur à la réalité intérieure des traditions antérieures, "en l'aidant à prendre conscience des états spirituels des prophètes antérieurs et à les reproduire en lui-même", comme l'indique Corbin, pour qui cette fonction constitue un « ministère angélique »[142]. En réalité, il s'agit là d'une interprétation légitime, car ici le Prophète n'est vu que dans sa fonction de législateur, et sa réalité transcendante est attribuée à l'*Imâm*, dont Salmân est *ḥujjah*, « preuve », précisément.

Enfin — et c'est l'aspect qui nous intéresse particulièrement ici — il y a le fait que Salmân "est revendiqué comme ancêtre spirituel par certaines congrégations soufies"[143]. En effet, Salmân apparaît dans les *salâsil* de certaines *ṭuruq* (notamment les *naqshbandiyya*) comme l'un des premiers maillons de la chaîne initiatique, précisément après Abû Bakr, un détail qui montre bien que le soufisme se « désolidarise » de la version que le chiisme propose sur Salmân, qui est notamment présenté comme étroitement uni à 'Alî et opposé à Abû Bakr. Et même

---

[140] *Les Mystiques musulmans*, *op. cit.*, p. 6.

[141] *Mahomet*, *op. cit.*, p. 140.

[142] *Cf. En Islam iranien*, vol. I, Paris, Galimard, 1971, p. 171.

[143] M. Molé, *Les Mystiques musulmans*, *op. cit.*, p. 5.

si Massignon déclare que cette présence de Salmân dans quelque *silsila* soufie n'est qu'"un phénomène accidentel [...] et provient d'un emprunt, plus ou moins avoué, à l'isnâd généalogique (et non initiatique) des Suhrawardîya"[144], pour notre part nous pensons que ce détail n'est destiné qu'à renforcer le rôle que le soufisme attribue à Salmân dans sa formation. Quoi qu'il en soit, Salmân apparaît comme l'un des fondateurs du soufisme dans presque tous les traités traditionnels le concernant.

On attribuait à Salmân, comme nous l'avons vu, la qualité d'héritier spirituel de Luqmân, qui enseignait la « sagesse éternelle », valable pour les peuples de tous les temps. Mais, en particulier, Salmân "représente aussi l'étranger, le voyageur, l'immigré accueilli dans l'intimité du Prophète, adopté dans sa famille"[145], détail très important dont nous parlerons un peu plus loin. Mais la citation de De Vos se poursuit ainsi : "Il sera spirituellement le grand exégète de l'islam éclairant tous les événements de la vie du Prophète à la lumière des faits similaires de l'histoire ancienne, afin d'en faire ressortir leur rôle d'archétype", vision qui coïncide avec celle de Corbin et qui est, en substance, celle défendue par le chiisme et l'ismaélisme, mais qui est doublement intéressante ici parce qu'elle est défendue du point de vue du soufisme.

Nous avons vu plus haut comment Ibn 'Arabî soulignait dans le *Tarjumân* le rôle de guide des prophètes antérieurs par rapport à Muhammad, en reliant cette caractéristique à la *'ujma*, c'est-à-dire à ce qui est « propre à la Perse ». Or, le rôle que le chiisme attribue à Salmân par rapport au Prophète en tant qu'instructeur de la signification spirituelle des Écritures anté-

---

144 Article cité, recueilli dans *Opera Minora*, tome III, Beyrouth, Dar al-Maaref, p. 462.

145 Philippe de Vos, *La Genèse de la Sagesse ou la chaîne initiatique chez les Maîtres Soufis*, Paris, Dervy, 1995, p. 34.

rieures peut être expliqué dans le même sens, c'est-à-dire comme une fonction « persane » et particulièrement liée, par conséquent, au *ta'wîl*.

Nous lisons dans le Coran (16 : 103) : "*Et nous savons bien qu'ils disent : celui-ci est instruit par un simple mortel. Mais la langue de celui auquel ils pensent est étrangère* (a'jamî), *alors que celle-ci est une langue arabe claire* (lisânun 'arabiyyun mubîn)". Ceux qui pensent, comme nous l'avons dit, que Salmân a instruit le Prophète dans les questions relatives aux prophètes précédents, croient qu'il est mentionné dans ce verset. On soutient notamment qu'il a aidé le Prophète à prendre conscience des antécédents scripturaires juifs et chrétiens, et il est considéré comme un initiateur au *ta'wîl* de ceux-ci. Et en ce sens, la spéculation ismaélienne va jusqu'à « tordre » quelque peu la lettre du Coran pour voir Salmân même là où il n'est probablement pas, dans un passage où, en tout cas, le Prophète est exhorté, de manière très significative, dans les mêmes termes : "*Et demande à ceux de nos Messagers que Nous avons envoyés avant toi*" (43 : 45), où ce "*et demande à ceux* (*wa 's'al man*)" est lu comme "*wa Salmân*".

Corbin, qui parle abondamment de ce sujet dans ses ouvrages et qui, comme nous l'avons souligné, qualifie de « ministère angélique » ce rôle d'« initiateur » au sens secret des Révélations antérieures que Salmân exerçait pour le Prophète, affirme que de tout cela on peut déduire que "le *ta'wîl* [...] remonte aux origines mêmes de l'islam". Et dans ce sens, il est particulièrement important que, selon De Vos[146], le célèbre alchimiste Jâbir ibn Hayyân aurait déjà dit que Salmân incarnait

---

[146] *Cf. La Genèse*..., *op. cit.*, p. 34.

l'esprit du *ta'wîl*, ce qui est précisément l'un des points principaux que nous avions en vue[147].

Tout cela nous peint indéniablement Salmân comme le *'ajamî* par antonomase[148], et donc comme le type par excellence, non seulement des *mawâlî*, mais, à proprement parler, de tous ceux qui pratiquent le *ta'wîl*, entendu dans son sens le plus large. Il exerce donc un double patronage : sur le chiisme et l'ismaélisme (comme il est expressément admis) et aussi sur un certain type de soufisme. Nous disons sur un certain type de soufisme, car pour nous le patronage de Salmân ne s'exerce pas sur l'ensemble de celui-ci, comme nous le verrons par la suite. En effet, tout le soufisme ne consiste pas à s'appliquer au *ta'wîl*, même si on entend celui-ci au sens plus large : mais en poussant un peu l'analogie on peut néanmoins dire que Salmân, en tant que prototype du chercheur de la Vérité, est aussi le prototype de tous ceux qui parcourent la *ṭarîqa* afin d'atteindre la *ḥaqîqa*.

Mais pour nous Salmân serait avant tout l'incarnation d'un besoin spirituel collectif, ressenti obscurément, qui nécessitait un support adéquat pour être satisfait. L'errance de Salmân à la recherche de ce support dans l'univers des traditions, poussé par ce besoin qui s'est personnifié en lui, n'est pas une attitude qui peut symboliser la gnose parfaite. Salmân incarne en effet une aspiration, une vocation que l'on peut qualifier, de façon parfaitement légitime, de « persane » pour toutes les raisons invoquées — et sur lesquelles nous reviendrons dans le dernier chapitre — et qui s'« incarne » globalement dans l'ésotérisme de l'islam. Car, dans un sens plus large, Salmân est, en fait, le modèle de

---

[147] Et il y a aussi des indications, semble-t-il, que les *Ahl aṣ-ṣuffa* ont eux-mêmes pratiqué le *ta'wîl* des versets révélés sous la direction de Salmân.

[148] On a dit, en effet, que Salmân est la quintessence de l'*allogenês* dans l'islam naissant, qui comptait deux autres « étrangers » : le Grec Suhayb et l'Abyssinien Bilâl.

tout ésotérisme de l'islam, c'est-à-dire — selon la précision pertinente de Schuon — de la vérité totale « colorée » par son « rattachement » à une religion donnée.

D'autre part, si, comme nous l'avons dit plus haut, la gnose, en tant que telle, est la connaissance de la réalité métacosmique et, par conséquent, qualifie l'aspiration qui lui est ordonnée, l'aspiration à connaître Dieu à partir d'un certain Seigneur collectif, un « ange », ne suppose pas, en principe, une limitation en tant que telle, puisque cet « ange » n'est, en fin de compte, qu'une fonction de l'ange suprême, « l'ange appelé *Rûḥ* » (*al-malak al-musammâ bi 'r-rûḥ*). Cela se voit, par exemple, dans l'« assignation » de Salmân à la Maison du Prophète, car, comme le dit Schuon en parlant de la Prière sur le Prophète, "selon l'interprétation la plus vaste de cette oraison, le vœu de bénédiction correspond à Dieu ; le nom du Prophète, à l'Esprit Universel (*Er-Rûh*, contenant les quatre Archanges ; sur le plan terrestre et dans le cosmos musulman, c'est le Prophète et les quatre califes) ; la Famille, aux êtres qui participent à Dieu — par l'Esprit — d'une façon directe ; les Compagnons, aux êtres participant indirectement à Dieu, mais toujours grâce à l'Esprit"[149]. Ainsi, en devenant membre de la Famille du Prophète, Salmân a obtenu (révélé, en fait) ce degré de participation directe à Dieu et de centralité (par son lien avec cet axe central qu'est *ar-Rûḥ*) qui est propre à l'ordre des anges supérieurs. Et cette question pourrait également être mise en rapport avec la tradition selon laquelle le Prophète aurait dit : "*La foi a dix degrés et Salmân est au dixième, Abû Dharr au neuvième et Miqdâd au huitième*", *ḥadîth* qui pourrait être confirmé par d'autres dans lesquels, notamment, le Prophète soulignait la supériorité en matière de connaissance de Salmân sur Abû Dharr, véritable

[149] *Comprendre l'Islam*, *op. cit.*, p. 119.

modèle d'ascétisme et de dévotion et particulièrement proche du Prophète.

Ainsi, même si Salmân représente une possibilité spirituelle « colorée », cela ne veut pas dire que celle-ci ne renferme pas une virtualité de réalisation suprême, ce que les spéculations ismaéliennes sur Salmân — dans lesquelles le rapport d'adoption par rapport au Prophète est inversé[150] — ne font que confirmer à leur manière. D'où son rôle central dans le chiisme et l'ismaélisme[151], qui, d'une certaine manière, ont mieux compris que le soufisme ce qu'ils lui doivent tous, en faisant de lui un véritable pôle (*quṭb*) de leurs doctrines respectives. Mais si le soufisme n'a pas reconnu formellement cette dette, c'est en fin de compte parce qu'il ne se réduit pas à cette possibilité « salmanique » et préserve en son sein l'ésotérisme quintessentiel, dont le prototype est incarné, comme nous l'avons noté plus haut, par une autre figure clé de l'islam naissant : Uways al-Qaranî.

---

[150] Ce qui, en fin de compte, est exactement ce que nous voyons avec la relation qui s'établit entre Moïse et al-Khidr, le prototype de l'initiation spirituelle dans le soufisme.

[151] Salmân est aussi le patron de la *futuwwa* et des guildes d'artisans.

IX

UWAYS

Celui qui dans la « mythologie » initiale de l'islam symbolise parfaitement la quintessence de la gnose est un arabe du Yémen, Uways al-Qaranî[152]. Son attitude à l'égard du Prophète représente celle de l'ésotérisme sapientiel à l'égard de ses éventuels supports traditionnels : reconnaissance et indépendance. Pleine reconnaissance *a priori* (c'est-à-dire sans besoin de preuves expresses comme dans le cas de Salmân) envers celui qui a été investi de la très haute mission d'établir une tradition sacrée, mais indépendance par rapport à celle-ci, puisque Uways n'a pas besoin de connaître le Prophète dans ce monde pour actualiser sa condition *a priori* de musulman. Pour Uways, donc, ces mots de Guénon s'appliquent parfaitement : “Ceux qui ont dépassé toutes les formes particulières et sont parvenus à l'universalité, et qui « savent » ainsi ce que les autres ne font que « croire » simplement, sont nécessairement « orthodoxes » au regard de toute tradition régulière”[153]. C'est-à-dire qu'Uways était pleinement musulman *a priori* sans avoir à formuler aucune déclaration explicite en ce sens. Et, d'autre part, le contraste entre l'attitude de Salmân, préoccupé concrètement (selon les récits traditionnels) de découvrir le « signe de la Prophétie » sur

---

[152] Schuon, très pertinemment, le qualifie de « patron des gnostiques » (*Comprendre l'Islam*, *op. cit.*, p. 167).

[153] *Aperçus sur l'Initiation*, Paris, Éditions Traditionnelles, 1992, p. 238.

l'épaule du Prophète — ce qui était pour lui une nécessité pour être convaincu de l'authenticité de celui-ci — et l'attitude d'Uways, qui « connaît » parfaitement le Prophète sans jamais l'avoir vu en personne, est à cet égard des plus significatifs. Cette dernière particularité est soulignée dans les récits traditionnels, au point de lui attribuer une meilleure connaissance du Prophète que celle de ʻUmar lui-même ; et dans ce sens, ces mots sont même attribués à Uways : "Vous ne connaissez de Muḥammad que ce que sait de l'épée celui qui ne voit que son fourreau".

Ces derniers mots, au-delà de la question de leur douteuse authenticité, sont très significatifs, car ils confirment parfaitement notre interprétation. En effet, l'ésotérisme quintessentiel reconnaît mieux que quiconque la validité des différentes traditions sacrées, sans pour autant se confondre avec aucune d'elles. Et le fait qu'il prenne l'une d'elles comme support éventuel ne diminue en rien son indépendance substantielle par rapport à elle, qu'il respecte néanmoins dans son intégralité et qu'il ne veut pas différente de ce qu'elle est. C'est un fait qu'en de nombreuses occasions l'ésotérisme de l'islam a été problématique pour l'orthodoxie même de cette religion, non seulement avec des doctrines trop audacieuses pour la perspective religieuse, mais aussi à cause de son insistance sur un ascétisme que l'islam légal n'envisage pas du tout. Cependant, l'ésotérisme quintessentiel dans le sein de la Tradition islamique est et a toujours été parfaitement respectueux des caractéristiques qui définissent le mieux celle-ci, ne la forçant pas à dépasser un cadre que, parce qu'il est divinement prévu, personne n'a le droit de modifier.

Mais revenons au début pour rappeler à quel point on connaît peu de choses sur ce personnage, sur lequel on a aussi très peu écrit en Occident.

Les premiers biographes du Prophète ne mentionnent pas Uways, pas plus que les premiers traditionnistes. Bukhârî n'inclut aucune tradition dans son *Ṣaḥîḥ* fondé sur l'autorité de Uways, et bien qu'il le mentionne, il considère ses traditions comme « faibles ». Ce sera Muslim qui dans son *Ṣaḥîḥ* donne quelques informations à son sujet, sur lesquelles semblent s'être appuyés les auteurs soufis qui ont su reconnaître la valeur de ce personnage comme symbole parfait de leur perspective spirituelle et qui, par conséquent, en ont tracé un profil[154] dont nous ne retiendrons que les éléments qui nous semblent les plus significatifs.

Le premier, que nous avons déjà souligné, est le fait qu'Uways et le Prophète ne se sont jamais rencontrés du vivant de celui-ci, ce qui n'a pas empêché ce dernier de se référer à lui à plusieurs reprises. En particulier, il est traditionnel d'interpréter le célèbre *ḥadîth* dans lequel le Prophète dit : "*Je sens le Souffle du Miséricordieux* (nafas al-Raḥmân) *venant vers moi du côté du Yémen*" comme faisant référence à Uways. À cela s'ajoutent les références répétées du Prophète au rôle d'Uways en tant qu'intercesseur pour la communauté des musulmans. Il y a en effet des témoignages — comme l'affirme par exemple Denis Gril[155] — selon lesquels le Prophète faisait référence à Uways lorsqu'il parlait des « saints cachés et intercesseurs » ; et de même il est communément admis que le Prophète faisait référence à lui lorsqu'il a dit : "*Plus de gens entreront au Paradis grâce à l'intercession d'un certain homme de ma communauté qu'il n'y a de*

[154] Ce sont Hujwîrî et 'Attâr (surtout ce dernier) qui ont offert le développement le plus étendu des traditions concernant Uways.

[155] *in* Popovic et Veinstein, eds., *Les Voies d'Allah...*, *op. cit.*, p. 30.

gens dans les tribus de Rabî'a et de Muḍar" (deux tribus notoires par leur incroyance)[156].

Dans l'islam, le pouvoir d'intercession (ou de médiation : *shafâ'a*) est centralisé dans le Prophète, de sorte que, pour justifier ce rôle d'intercesseur très important d'Uways, on a eu recours au récit de la transmission à celui-ci du manteau du Prophète, récit qui est probablement la plus insistante de toutes les traditions concernant Uways. Mais avant d'y faire référence ici, nous allons brièvement commenter d'autres aspects.

Deux des points sur lesquels la tradition soufie a particulièrement insisté à propos d'Uways sont, d'une part, sa condition de « saint caché », ignoré par ses propres concitoyens, qui le considèrent comme un pauvre homme, voire un fou, et, d'autre part, son infatigable dévouement à sa mère âgée, aux besoins de laquelle il pourvoit en priorité ; une circonstance, cette dernière, qui l'empêche de rencontrer le Prophète. Hujwîrî dit en effet : "[Uways] vivait à l'époque du Prophète, mais il ne pouvait pas voir le Prophète pour deux raisons : d'abord, à cause de l'extase qui le subjuguait[157] et, ensuite, à cause de son devoir envers sa mère"[158].

Ce dernier détail n'a pas, à notre connaissance, fait l'objet d'une interprétation ésotérique, alors qu'il nous semble tout à fait clair que la « mère âgée » dont Uways s'occupe pieusement est un symbole de la primordialité à laquelle il s'attache : l'« ascen-

---

[156] Ce *ḥadîth* devient dans Hujwîrî : "[...] plus que de *moutons* il y a dans les tribus de Rabî'a et de Muḍar", et dans 'Attâr le nombre de personnes qui profiteront de l'intercession d'Uways est équivalent au " nombre *des poils des moutons* des tribus de Rabî'a et de Muḍar" ; pieuses exagérations très fréquentes dans l'hagiographie islamique.

[157] Selon la traduction de Nicholson : "*The ecstasy which overmastered him*". Nous ne savons pas quel terme Hujwîrî a utilisé, mais nous pouvons comprendre qu'il faisait référence à son état d'absorption contemplative.

[158] *Kashf al-Maḥjub*, *op.cit.*, p. 83.

dance maternelle » d'Uways n'est rien d'autre que la *Sophia perennis*, et l'« obéissance » à sa mère, qui, selon l'un des récits traditionnels, empêche en fait Uways de voir le Prophète en personne, n'est rien d'autre que le lien qui l'unit de manière primordiale à cette *Sophia perennis*[159].

Le premier détail a été largement développé par la tradition soufie, qui a vu en Uways le prototype du *malâmatî* dans le sens supérieur de ce terme, c'est-à-dire désignant non pas tant celui qui cache ses vertus pour ne pas tomber dans une quelconque autocomplaisance, mais le saint parfait que Dieu se réserve pour Lui et qu'Il cache sous les tentes de Son intimité.

Comme particularité spécifique, Kalâbâdhî fait référence à la *firâsa* d'Uways, qui est l'art de connaître la réalité intime des êtres à partir de leur apparence extérieure, et qui est une propriété traditionnellement associée aux *malâmatiyya*. Et comme un aspect particulier dans cette condition de *malâmatî*, certains auteurs soufis incluent Uways parmi ceux qui cachent leur sainteté derrière le voile de la folie, les *'uqalâ' al-majânîn*, les « fous sages ». Ainsi, le susnommé Kalâbâdhî l'inclut dans cette catégorie très particulière avec 'Ulayyân, Sa'dûn et d'autres, et al-Naysaburî, pour sa part, l'associe à d'autres représentants célèbres de celle-ci : Majnûn (le modèle de tous), Sa'dûn et Buhlûl, le célèbre fou de la cour de Harûn al-Rashîd[160].

---

[159] À cela s'ajoute le fait, pour le moins curieux, que tout comme Ibn 'Arabî présentait Salmân comme le prototype du Pôle, Simnânî, quant à lui, affirmait qu'à l'époque du Prophète le Pôle était 'Usam al-Qaranî, oncle paternel d'Uways (détail fourni par M. Molé dans *Les Mystiques musulmans*, *op. cit.*, p. 80).

[160] Pour toute cette importante question, que nous ne pouvons développer ici, nous renvoyons le lecteur à ce qu'en dit Guénon dans *Initiation et réalisation spirituelle*, *op. cit.*, chapitres XXVII à XXIX, qui constituent une référence majeure pour tout ce qui concerne le sujet des « déguisements » de la sagesse.

Ainsi, la description que certains hommes de Kûfa donnent d'Uways lorsqu'ils sont interrogés par 'Umar à son sujet : « C'est un fou, qui vit dans la solitude et ne fréquente personne », peut parfaitement être glosée en ces termes : c'est un saint caché (derrière le voile de la folie apparente), qui est établi dans la « solitude » (*al-Waḥda*, l'*unitude* divine)[161] et n'associe rien à Lui. Car Uways lui-même aurait dit, selon la *Tadhkirât al-awliyâ'* de 'Attâr : "Le salut est dans l'*uniquité*, qui consiste à chasser de ton cœur l'amour du monde entier pour le remplir exclusivement de l'amour du Seigneur très haut. On appelle ce degré le degré du *vâhidet*, c'est-à-dire de l'*uniquité*. Si l'amour de toute autre chose entre dans ton cœur, ce n'est plus le degré de l'*uniquité*, mais celui de la dualité"[162].

ꕥ

Dans le cas d'Uways, son statut « *bodhisattvique* » est particulièrement évident dans cette qualité de saint intercesseur par excellence, car, comme l'affirme Schuon, "la fonction du *Bodhisattva* céleste et compatissant est toutefois représentée, en Occident, par les saints « secoureurs » ou « apotropéens »"[163]. Et cela nous permettra de revenir sur le thème de la fonction d'intercession d'Uways à l'égard de la communauté musulmane.

---

[161] Certains proposent cette traduction de *waḥda* en français afin de conserver, comme en arabe, la même racine d'*un* tout en distinguant ce mot de ceux qui désignent deux degrés différents au sein de l'Ordre divin : *al-Aḥadiyya*, l'Unité, et *al-Wâḥidiyya*, l'Unicité, *al-Waḥda* se situant entre ces deux. Le traducteur de 'Attâr ici, A. Pavet de Courteille, a traduit *waḥda* en français par *uniquité*, comme on va le voir tout de suite.

[162] Farid-ud-Din 'Attar, *Le Mémorial des saints*, traduit d'après une version ouïgoure par A. Pavet de Courteille, Paris, Seuil, 1976, pp. 36-37.

[163] *L'Œil du Cœur*, *op. cit.*, p. 101, n. 15.

Pour cela, nous nous référerons au récit de la transmission du manteau du Prophète[164] à Uways selon la version donnée par ʻAttâr dans ses *Tadhkirât.* Selon cet auteur, le Prophète aurait fait remettre son manteau à Uways, à qui il aurait demandé de « prier pour mon peuple ». Pendant le califat de ʻUmar, celui-ci et ʻAlî se rendent à Kûfa et, une fois sur place, ils demandent si parmi les fidèles il y a des gens de Qaran. Certains individus s'avancent et ʻUmar leur demande s'ils connaissent Uways. Mais ils n'identifient pas Uways ni par son nom ni par les descriptions que ʻUmar leur donne selon ce qu'il avait entendu dire au Prophète. Enfin, sur l'insistance de ʻUmar, qui défend avec force l'idée que le Prophète n'a pas pu mentir, l'un d'eux se souvient d'"un fou qui ne s'associe à personne et qui garde des chameaux dans une étendue aride appelée Arna [...] ; il ne connaît ni la joie ni la peine : quand les autres rient, il pleure, et quand ils pleurent, il se met à rire". ʻUmar et ʻAlî se rendent sur place et parviennent à trouver Uways, qu'ils voient prier et à qui, après l'avoir identifié selon la description du Prophète (à savoir par une tache blanche sur sa main), ils remettent le manteau de ce dernier, en lui demandant de prier pour leur communauté. Selon la version de ʻAttâr encore, Uways se retire dans un endroit un peu éloigné pour prier et demande à Dieu d'accorder son pardon à tous les musulmans, avant de consentir à revêtir le manteau ; et à chaque fois, il obtient de Dieu qu'il accorde sa grâce à un plus grand nombre de musulmans, mais pas à tous. Enfin, l'apparition de ʻUmar et ʻAlî, déjà impatients, empêche Dieu — d'après Uways lui-même — d'accorder Sa grâce à tous les musulmans[165].

---

[164] Ce manteau (ou ce que la tradition considère comme tel) est actuellement conservé dans le pavillon des reliques du palais de Topkapı à Istanbul.

[165] Le parallèle avec le refus du *Bodhisattva* d'entrer en Nirvâna avant d'avoir obtenu la libération pour tous les êtres nous semble très évident.

‘Attâr indique également dans ses *Tadhkirât* que le Prophète dit : “*Lorsque viendra le Jour de la Résurrection, le Très-Haut créera soixante-dix mille anges auxquels Il donnera la forme d’Uways al-Qaranî*” afin que personne ne le reconnaisse, particularité qui est liée à son statut de saint caché, de *malâmatî* par excellence. Mais ce fait peut aussi être rapproché de ce que dit Schuon de l'archange Michel (*Mikâ'îl*) et de sa fonction d'intercession, en citant Ibn 'Abbâs : “*Allâh* crée chaque jour soixante-dix mille anges selon les attributs de *Mikâ'îl*, qui ont, comme celui-ci, soin de la subsistance des êtres”[166]. Il est difficile de ne pas voir ici Avalokiteshvara sous un autre vêtement.

ཌ

Un autre sujet très important en relation avec Uways, et particulièrement pertinent pour notre étude, est celui de la transmission *uwaysî*, qui est le nom par lequel on connaît en soufisme la transmission spirituelle reçue d'un maître décédé. En réalité, il faut distinguer deux modalités dans ce qu'on appelle la transmission *uwaysî*, comme l'explique Jâmî, qui cite ‘Attâr : “Il y a parmi les amis (*walî*) d'Allâh des gens que les *sheikh* de l'ordre et les principaux entre les hommes spirituels, nomment *oweis*. Ces hommes-là n'ont pas besoin à l'extérieur d'aucun maître (de la vie spirituelle), parce que le prophète les élève lui-même dans le sein de sa faveur, sans l'intermédiaire d'aucun autre, comme il l'a fait pour le *sheikh* Oweis. C'est là un grade très grand et fort sublime. [...] C'est là un don de la bonté d'Allâh, qui l'accorde à qui il lui plaît”. Et Jâmî lui-même ajoute : “De même quelques amis (*walî*) d'Allâh, disciples fidèles du prophète, ont formé certains aspirants d'une manière toute

---

166 *L'Œil du Cœur, op. cit.*, p. 58, n. 18.

spirituelle, sans qu'ils eussent extérieurement aucun directeur : ces hommes-là sont aussi compris sous le nom d'*oweis*"[167].

Dans un sens large (mais nullement excessif), la grande tradition soufie du Khorassan et de l'Asie centrale, liée à la figure d'al-Bastâmî, est toute *uwaysî* et *malâmatî*, se distinguant notamment en ce sens de la tradition irakienne, liée à la figure de Junayd. Le Khorassan aurait une vocation plus « orientale » et se rattacherait aisément à l'Orient hindou et bouddhiste ; et il n'est pas sans signification que ce soufisme *uwaysî* se soit développé précisément dans des régions anciennement bouddhistes.

Il est très intéressant, dans ce contexte, de constater la position de la *ṭarîqa naqshbandiyya*, dont les origines et la vocation sont clairement *uwaysî*-s, mais qui, en même temps, comme nous l'avons dit plus haut, incorpore la figure de Salmân dans sa *silsila*, précisément après Abû Bakr ; détail, ce dernier, qui doit être mis en parallèle avec la stricte vocation sunnite de cette *ṭarîqa*[168]. Et, en même temps, il est très significatif que la

[167] De la traduction publiée par Silvestre de Sacy en 1831 dans *Notices et extraits des manuscrits de la Bibliothèque du Roi*, tome XII, de la Préface du *Nafaḥât al-uns* de ʻAbd al-Raḥmân al-Jâmî, avec le titre de *Les Haleines de la familiarité,* traduction reprise — avec quelques corrections — dans plusieurs numéros des *Études Traditionnelles* de l'année 1955 ; les citations correspondent au numéro 325, de juillet-août 1955, p. 208.
La transmission *uwaysiyya*, ou *rûḥâniyya* (en esprit), présuppose que l'entité spirituelle *(ḥaqîqa rûḥâniyya)* d'un saint trépassé conserve une virtualité d'action dans ce monde, ce qui revient à dire que ce saint est en *samâdhi* éternel, comme nous l'avons vu dans le cas de Kûkai. En fait, dans l'hindouisme, l'endroit où repose la dépouille mortelle d'un saint pleinement réalisé est également appelé *samâdhi.*

[168] D'autre part, cette insistance sur la *silsila* de la part du soufisme « occidental » ne semble qu'une transposition de la passion des Arabes pour la généalogie, qui se révèle de façon particulièrement claire dans la science du *ḥadîth*, où l'*isnâd* prend une importance de premier rang : un autre détail

zone d'influence de cette *ṭarîqa* ait toujours été, fondamentalement, l'aire culturelle persane et qu'elle ait une moindre pénétration dans le monde spécifiquement arabe.

ఌ

Compte tenu de toutes ces données, nous pouvons maintenant récapituler tout ce qui a été dit ci-dessus. Ainsi, nous affirmons que Salmân serait le modèle exemplaire d'un soufisme qui insiste particulièrement sur le *ta'wîl*, sur la recherche du *bâṭin* caché dans le *ẓâhir* ; c'est la vocation d'intériorité transposée dans un moule d'herméneutique ésotérique, si l'on peut dire, et cette attitude est « persane », comme nous l'avons déjà analysé. Au contraire, Uways exemplifie l'ésotérisme quintessentiel, qui ne s'appuie pas *a priori* sur la lettre de la Révélation pour y découvrir les sens cachés, mais qui voit reflétés dans la Révélation les principes suprêmes qu'il connaît déjà de toute éternité. Salmân serait ainsi la personnification de l'ésotérisme de l'islam, tandis que Uways serait la personnification de l'ésotérisme quintessentiel intégré dans l'islam. Et cette distinction n'est pas un luxe inutile.

Tout cela est clairement mis en lumière par le fait très éloquent du signe que prend l'adoption spirituelle dans un cas et dans l'autre. Si Salmân est adopté par le Prophète et fait partie des membres de sa famille, dans le cas de Uways le signe de l'adoption est inverse : c'est Uways qui adopte la communauté musulmane, qui se place sous sa protection particulière. Nous voyons donc ici un symbole très précis de la différence entre l'ésotérisme d'une religion donnée et l'ésotérisme en tant que tel. Salmân symbolise l'ésotérisme de l'islam, dans toutes ses

---

qui postule en faveur d'une vision du peuple arabe comme fondamentalement lié à une perspective « extérieure ».

variétés, tandis que Uways symbolise l'ésotérisme quintessentiel, circonstanciellement lié à l'Islam.

En fait, l'ésotérisme quintessentiel s'*adapte* circonstanciellement à une religion donnée et en même temps l'*adopte*, au double sens du terme, c'est-à-dire qu'il y adhère et qu'il la prend pour fille. Et un autre exemple coranique clair de ceci peut être vu dans la figure d'Âsiya, la femme de Pharaon, et son adoption de Moïse, une adoption qui ne symbolise rien de plus que son adoption circonstancielle — bien que providentielle — de la religion mosaïque. Nous lisons en effet dans le Coran : "*La femme de Pharaon dit : Il sera une consolation pour moi et pour toi. Ne le tue pas ! Peut-être nous sera-t-il utile, ou le prendrons-nous pour fils*" (28 : 9). Ibn 'Arabî, commentant ce passage dans ses *Fuṣûṣ*, déclare : "Lorsque la famille de Pharaon trouva Moïse sur le Nil auprès d'un arbre [...] d'abord Pharaon voulut le tuer, mais sa femme s'y opposa, en parlant par inspiration divine, puisqu'elle avait été créée pour la perfection spirituelle [...]. Elle dit donc à Pharaon au sujet de Moïse : « Il sera une consolation pour moi et pour toi », et, en effet, c'est par lui qu'elle fut consolée en recevant la perfection spirituelle"[169].

Très important à cet égard est ce *ḥadîth* bien connu : "D'après Mûsâ al-Ash'arî, le Messager de Dieu a dit : "*Parmi les hommes, beaucoup ont atteint la perfection, mais parmi les femmes, aucune n'a atteint la perfection, sauf Maryam, fille de 'Imrân, et Âsiya, la femme de Pharaon*"[170], *ḥadîth* dont il existe quelques variantes, dans certaines desquelles Khadîja et Fâtima apparaissent également incluses dans ce groupe[171].

---

[169] Muhyi-d-din Ibn 'Arabi, *La Sagesse des prophètes, op. cit.*, pp. 169-170.

[170] *Ṣaḥîḥ* de Bukhârî, vol. 5, livre 62, *ḥadîth* 3769.

[171] Nous voudrions signaler — même si cette réflexion n'a pas trait directement à nos objectifs dans cet ouvrage — que, apparemment, dans l'islam cette affirmation du Prophète n'a pas reçu toute l'attention qu'elle mérite en vue

Pour nous, il est clair que la femme de Pharaon personnifie une aspiration collective, c'est-à-dire qu'à l'instar d'Abraham, dont le Coran dit qu'il était une *umma*, Âsiya personnifie l'*umma* d'une communauté de contemplatifs. En effet, elle pourrait représenter, avec les mages, qui se sont également convertis (*cf.* Coran 7 : 120-122), la sagesse initiatique de l'Égypte, qui s'était « paganisée », c'est-à-dire avait compromis la notion de transcendance et avait donc besoin d'y être ramenée[172].

Et si, dans ce cas, nous voyons la possibilité d'une réalisation spirituelle qui a pris comme support la religion de Moïse, sans compromettre la réalité de cette dernière, c'est-à-dire en préservant toutes deux leur liberté et leur propre origine, nous pouvons maintenant affirmer, dans le même registre, que le soufisme quintessentiel serait aussi, dans son essence, une aspiration de réalisation spirituelle qui se serait « perchée » sur l'arbre de la Révélation islamique, mais qui avait une autre origine, métaphysiquement parlant ; car, "l'ésotérisme, malgré son enracinement formel dans le système traditionnel, constitue

---

d'étudier comme il sied une figure de ces caractéristiques ; car ce n'est pas une donnée indifférente l'affirmation selon laquelle Âsiya (en laissant de côté la question de leurs fonctions respectives) atteignit une éminence spirituelle qui lui permet d'être assimilée à celle que l'islam vénère comme *Sayyidatnâ* Maryam (Notre-Dame Marie), ce que le Coran lui-même établit implicitement en rapprochant les deux et en les proposant comme exemples aux croyants : "*Et Dieu a proposé en exemple aux croyants la femme de Pharaon lorsqu'elle dit : « Seigneur, construis-moi, auprès de Toi, une maison dans le Paradis, et sauve-moi de Pharaon et de ses œuvres, et sauve-moi des gens iniques ! ». Et de même Maryam, fille de 'Imrân, qui garda sa virginité et en qui Nous insufflâmes de Notre Esprit. Elle avait déclaré véridiques les paroles de son Seigneur ainsi que Ses Écritures, et elle était au nombre des pieux*" (66 : 11-12).

172 Selon la tradition, la femme de Pharaon s'est convertie après l'épisode de Moïse et des magiciens ; on dit aussi que Pharaon l'a fait crucifier.

par définition un domaine indépendant, son essence se situant en dehors de toute continuité temporelle ou « horizontale »"[173].

[173] F. Schuon, *Approches...*, *op. cit.*, p. 215.

X

CONCLUSION

Récapitulons donc maintenant les idées maîtresses de tout notre exposé. Si Hâjar (Hagar) incarne le « génie » ou l'âme collective des tribus arabes, comme le souligne Léo Schaya[174], on peut affirmer, dans le même registre, que Salmân, indépendamment de sa nature « *bodhisattvique* » — ou justement à cause d'elle — incarne le génie ou l'âme collective du peuple persan, qui avait besoin d'exprimer sa vocation spirituelle collective dans un cadre qui puisse la refléter adéquatement.

Pour nous, dire que le soufisme est "comme si Bâdarâyana avait imploré le Dieu d'Israël"[175] (F. Schuon) est plus qu'une heureuse image poétique et une métaphore, car elle résume magnifiquement ce que nous avons essayé d'établir. Il s'agit de soutenir qu'une « matrice » persane aurait aspiré à produire des *Upanishads*, et pour y parvenir elle aurait « adopté » le monothéisme sémitique (sous sa forme islamique, concrètement), le soufisme étant la concrétisation de cette adoption et son propre fruit.

---

[174] *La Doctrine soufique de l'Unité*, Paris, Adrien-Maisonneuve, 1962, pp. 9-10.

[175] La citation complète est comme suit : "Le soufisme semble tirer son originalité à la fois positive et problématique du fait qu'il mélange — métaphoriquement parlant — l'esprit des Psaumes avec celui des *Upanishads* : comme si David avait chanté le *Brahmasûtra*, ou comme si Bâdarâyana avait imploré le Dieu d'Israël" (*Le Soufisme : voile et quintessence*, *op. cit.*, p. 30).

En réalité, les différentes Révélations de l'Unique ont toujours été adaptées au génie des peuples qui ont été leur destinataire prédestiné, mais dans leur expansion ultérieure, bien que divinement prévue, chaque Révélation a adopté des colorations différentes selon le génie des différentes collectivités qu'elle a fini par embrasser, en même temps qu'elle développait des possibilités inhérentes à elle-même qui n'étaient pas manifestées au départ.

Si l'on a pu dire que "le Bouddhisme du Nord a été absorbé par le génie jaune", et donc que "le *Mahâyâna*, c'est l'Inde devenue jaune"[176], cela revient à dire que pour le développement de cette forme capitale du bouddhisme, il fallait une « matrice » spécialement adaptée à cette intention, en l'occurrence la race jaune, sans laquelle cette forme serait restée virtuelle[177]. Nous ne disons pas que le soufisme est une possibilité qui serait restée purement virtuelle sans l'aide d'une « matrice » persane ou de quelque chose que nous pouvons appeler ainsi à titre provisoire, mais il ne fait aucun doute que le soufisme, ou un certain soufisme, dans sa dimension historique, est très étroitement lié à cette « matrice ».

Il s'agit maintenant, en somme, de voir ce qu'est la Perse en plus d'être une zone géographique et historique spécifique de notre planète.

L'Iran, ou plus précisément le peuple iranien, est le résultat de la partition d'un groupe indo-iranien primitif (l'avestique *Airyana Vaeja* ; en pehlevi, *Erân-Vêj*, berceau des Aryens-Iraniens au centre du *keshvar* central ; par définition, donc, le meilleur

---

[176] F. Schuon, *Castes et Races*, Milan, Archè, 1979, p. 43, n. 1.

[177] En effet, "la race jaune [...] a été profondément marquée par le bouddhisme [...] tout en donnant à cette tradition l'empreinte de son génie à la fois puissant et subtil" (*id.*, p. 51).

endroit sur Terre)[178], l'autre étant le monde indien. Ce dernier a pleinement déployé son génie spirituel dans ce qui, connu sous le nom d'hindouisme, est l'une des plus importantes traditions spirituelles de l'Humanité. Mais, pour une raison impossible à déterminer, l'autre composante de ce groupe n'avait pas pu produire quelque chose d'analogue (le mazdéisme n'a pas recueilli toute la richesse spirituelle de ce peuple), et le « désir » de la réaliser demeurait en lui de façon virtuelle.

Et ce désir a finalement trouvé dans l'islam le cadre adéquat et divinement prévu pour sa pleine éclosion. Nous avons déjà vu comment « ce qui est persan » était caché dans le Coran arabe[179], et comment un Persan, Salmân, est devenu l'incarnation de la recherche de ce germe dans ce Coran arabe. Et nous avons également souligné comment ce désir et son incarnation même étaient la matérialisation d'un certain état angélique, d'un Seigneur collectif, qui règne également sur la nation perse : c'est l'ange « prince du royaume de Perse » que nous voyons par exemple dans *Daniel* 10:13. Or, dans ce contexte, il est obligatoire de se référer à la célèbre déclaration du Prophète : “Il n'y a pas de monachisme en Islam” (*lâ rahbâniyyah fî 'l-Islâm*), pour préciser que si le monachisme chrétien n'est pas d'institution divine directe, il n'est pas non plus spécifiquement humain,

---

[178] Nous lisons dans l'Avesta : “*Ahura Mazda prit la parole et dit à Spitama Zarathoustra : « J'ai rendu chaque terre chère à ses habitants [...]; si je n'avais pas rendu chaque terre chère à ses habitants [...] alors tous les vivants auraient envahi l'Airyana Vaeja* »” (*Vendidad*, fargard 1).

[179] Tout ceci présente pour nous une analogie très directe avec la tradition selon laquelle le mont Abû Qubays — où la pierre noire de la Kaaba avait été conservée depuis sa descente du Ciel (« plus blanche que le lait ») sur Terre (où les péchés des « fils d'Adam » l'avaient noircie) — se trouvait à l'origine dans le Khorassan, c'est-à-dire au cœur de l'*Erân Vêj* ; tradition dont le symbolisme est renforcé par celle qui assure que le mont Abû Qubays est la première montagne que Dieu a créée.

mais c'est une institution « angélique ». En effet, saint Pacôme institua sa communauté monastique sur la « règle de l'ange » qui la lui dicta, et les deux lettres qu'il a laissées à ses successeurs sont écrites dans une langue inconnue, dite « langue des anges »[180]. En ce sens, donc, le monachisme chrétien et le soufisme partageraient la particularité d'être une aspiration spirituelle « colorée » par un certain « point de vue » angélique, avec la différence que ce qui « colore » l'ésotérisme de l'islam serait, en même temps, le génie même d'un peuple.

Et on peut noter, à ce propos, que Sohravardî, le *shaykh al-ishrâq*, affirmait qu'il y avait un « germe éternel », qui était passé par les sages grecs (Pythagore, Platon) et s'était manifesté chez des soufis comme Dhû 'n-Nûn al-Misrî et Sahl Tustarî, et un « germe de la sagesse des anciens Perses », qui avait été transmis à des soufis comme Bistâmî, Hallâj, Kharaqanî, etc., ce qui coïncide en substance avec ce que nous avons défendu ici. Nous croyons donc que l'un des facteurs qui caractérise le plus profondément le soufisme et lui donne au moins son aspect problématique, est la tension permanente entre ces deux « germes », ou plutôt les divers types de compromis entre eux auxquels il est parvenu, selon les cas.

Nous avons parlé plus haut de « l'amalgame de réponses à la convocation divine » : le soufisme est donc un exemple éloquent de la complexité que peut revêtir cet amalgame, même s'il est formellement enraciné dans un même sol. Et il ne peut être compris que si l'on accepte cette complexité comme un fait réel et que l'on ne cherche pas à la réduire à un schéma rigide et prédéterminé. Le soufisme n'est que le « noyau de l'islam » (*lubb al-Islâm*), c'est vrai, mais en lui le principe *Spiritus ubi vult spirat* s'est manifesté de façon particulièrement évidente, et essayer de

---

[180] *Cf.* Paul Evdokimov, *Les Âges de la vie spirituelle*, Paris, Desclée de Brouwer, 1964, p. 103.

l'expliquer par un seul facteur n'est donc pas la meilleure façon de le comprendre.

Et dans ce sens, nous voudrions nous référer, pour conclure, aux pages magistrales que Schuon consacre à l'examen des cinq possibilités fondamentales dans lesquelles les différentes traditions spirituelles distribuent les réalités universelles. Il affirme :

> “On peut distinguer entre le monde matériel ou visible et le monde immatériel et invisible ; c'est *grosso modo* la perspective des chamanistes, dans laquelle les puissances animiques sont considérées comme des prolongements de la Divinité.
>
> Une deuxième distinction place la ligne de démarcation entre le monde et Dieu au-delà du domaine animique et au seuil du domaine angélique : dans cette perspective, les Anges sont essentiellement des aspects divins.
>
> D'après une troisième manière de distinguer les deux grandes dimensions de l'Univers, la ligne de démarcation sépare l'ensemble des domaines matériel, animique et angélique du domaine archangélique et divin : l'Esprit divin manifesté au centre du cosmos [...] (lequel) englobe les Archanges, qui sont ses fonctions essentielles [...] ; cette perspective intervient partiellement chez les monothéismes sémitiques. [...] L'Esprit de Dieu [...] contient les *Dhyâni-Buddhas* et leurs prolongements ou fonctions, les grands *Bodhisattvas*.
>
> Selon une quatrième distinction métaphysique, — et c'est là la perspective essentielle et invariable des monothéistes sémitiques et vichnouïtes — il faut distinguer entre la manifestation et le Principe [...] ; on distinguera alors en Dieu les Qualités d'avec l'Essence.
>
> Une cinquième perspective, et c'est celle des Védantins shivaïtes, distingue entre *Mâyâ* et *Paramâtmâ* : le Dieu créateur

aussi fait partie de *Mâyâ, Paramâtmâ* seul est purement l'Absolu"[181].

Et sur la base de cette doctrine, ce que nous affirmons — et nous croyons que cela est tout à fait évident, si l'on s'arrête à le considérer sans idées préconçues —, c'est qu'au sein du soufisme on peut rencontrer, à des degrés divers, toutes ces perspectives[182], et que ce n'est qu'en gardant cela à l'esprit qu'il est possible de l'analyser avec assez de garanties d'objectivité. Ici, cependant, nous nous sommes borné, essentiellement, à analyser un facteur spécifique — qui s'inscrirait particulièrement dans la troisième de ces perspectives — afin de mettre en évidence une particularité de « géographie spirituelle » (si l'on peut dire) qui nous semblait pleine de signification et qui n'avait pas été mise en relief jusqu'à présent. Nous espérons donc que ces pages ont servi à ouvrir une nouvelle voie d'approche d'un sujet qui, comme nous l'avons dit plus haut, permet encore (et même l'exige, dirions-nous) d'être abordé sous de nouveaux angles.

---

[181] *Logique et Transcendance, op. cit.*, pp. 190-191.

[182] Il a été souligné que même le chamanisme mongol a eu une certaine influence sur le soufisme d'Asie centrale. Voyez à cet égard Mehmed Fu'âd Köprülüzade, *Influence du chamanisme turco-mongol sur les ordres mystiques musulmans*, Istanbul, 1929.

TABLE DES MATIÈRES

Collection Théôria
dirigée par Pierre-Marie Sigaud
avec la collaboration de Bruno Bérard

ouvrages parus :

Jean Borella, *Problèmes de gnose*, 2007.
Wolfgang Smith, *Sagesse de la cosmologie ancienne – Les cosmologies traditionnelles face à la science contemporaine*, 2008.
Françoise Bonardel, *Bouddhisme et philosophie – En quête d'une sagesse commune*, 2008.
Jean Borella, *La crise du symbolisme religieux*, 2008.
Jean Biès, *Vie spirituelle et modernité*, 2008.
David Lucas, *Crise des valeurs éducatives et postmodernité*, 2009.
Kostas Mavrakis, *De quoi Badiou est-il le nom ? Pour en finir avec le (XXe) siècle*, 2009.
Reza Shah-Kazemi, *Shankara, Ibn 'Arabî et Maître Eckhart – La voie de la Transcendance,* 2010.
Marco Pallis, *La Voie et la Montagne – Quête spirituelle et bouddhisme tibétain*, 2010.
Jean Hani, *La royauté sacrée – Du pharaon au roi très chrétien*, 2010.
Frithjof Schuon, *Avoir un centre*, 2010.
Patrick Ringgenberg, *Diversité et unité des religions chez René Guénon et Frithjof Schuon*, 2010.
Kenryo Kanamatsu, *Le Naturel – Un classique du bouddhisme Shin*, 2011.
Frithjof Schuon, *Les Stations de la Sagesse*, 2011.
Jean Borella, *Amour et Vérité – La voie chrétienne de la charité*, 2011.
Patrick Ringgenberg, *Les théories de l'art dans la pensée traditionnelle – Guénon, Coomaraswamy, Schuon, Burckhardt*, 2011.
Jean Hani, *La Divine Liturgie*, 2011.
Swami Śri Karapatra, *La lampe de la Connaissance non-duelle*, suivi de *La crème de la Libération*, attribué à **Swami Tandavarya**, suivis d'un inédit, *La Connaissance du soi et le chercheur occidental* de **Frithjof Schuon**, 2011.
Paul Ballanfat, *Messianisme et sainteté – Les poèmes du mystique ottoman Niyâzî Mısrî, (1618-1694)*, 2012.
Frithjof Schuon, *Forme et substance dans les religions*, 2012.
Jean Borella, *Penser l'analogie*, 2012.
Jean Borella, *Le sens du surnaturel*, 2012.
Paul Ballanfat, *Unité et spiritualité – Le courant Melamî-Hamzevî dans l'Empire ottoman*, 2013.
Michel d'Urance & Guillaume de Tanoüarn, *Dieu ou l'éthique – Dialogue sur l'essentiel*, 2013.
Le Śrimad Bhāgavatam – La Sagesse de Dieu, résumé et traduit du sanskrit par Swāmi Prabhavānanda, traduit de l'anglais par Ghislain Chetan, 2013.
Frithjof Schuon, *De l'unité transcendante des religions*, 2014.

Gilbert Durand, *La foi du cordonnier*, 2014.
Robert Bolton, *Les âges de l'humanité – Essai sur l'histoire du monde et la fin des temps*, traduit de l'anglais par Jean-Claude Perret, 2014.
Mahmut Erol Kiliç, *Le soufi et la poésie – Poétique de la poésie soufie ottomane*, traduit du turc par Paul Ballanfat, 2015.
John Paraskevopoulos, *L'appel de l'Infini – La voie du bouddhisme Shin*, traduit de l'anglais par Ghislain Chetan, préface de Patrick Laude, 2015.
Jean Borella, *Aux sources bibliques de la métaphysique*, 2015.
Frithjof Schuon, *Christianisme/Islam – Visions d'œcuménisme ésotérique*, 2015.
Frithjof Schuon, *De tout Cœur et en l'Esprit – Choix de lettres d'un Maître spirituel*, traduit de l'allemand par Ghislain Chetan, 2015.
Jean Borella, *Lumières de la théologie mystique*, 2015.
Jean Borella, *Histoire et théorie du symbole*, 2015.
Patrick Laude, *Apocalypse des religions – Pathologies et dévoilements de la conscience religieuse contemporaine*, 2016.
Jean Borella, *Marxisme et sens chrétien de l'histoire*, 2016.
Hari Prasad Shastri, *Échos spirituels du Japon – L'esprit et les formes du Japon traditionnel*, traduit de l'anglais par Patrick Laude, 2016.
Frithjof Schuon, *Regards sur les mondes anciens*, 2016.
Victoria Cirlot, *Hildegarde de Bingen et la tradition visionnaire de l'Occident*, traduit de l'espagnol par Sébastien Galland et Juan Lorente, 2016.
John Paraskevopoulos, *Le parfum de la Lumière – Une Anthologie de la sagesse bouddhiste*, traduit de l'anglais par Ghislain Chetan, 2017.
Jean Borella, *Ésotérisme guénonien et Mystère chrétien*, 2017.
Frithjof Schuon, *L'Œil du Cœur*, 2017.
Luc-Olivier d'Algange, *Le déchiffrement du monde – La gnose poétique d'Ernst Jünger*, 2017.
Louis Saint-Martin, *Sagesse de l'astrologie traditionnelle – Essai sur la nature et les fondements de l'astrologie*, 2018.
Jean Borella, *Sur les chemins de l'Esprit – Itinéraire d'un philosophe chrétien*, 2018.
Jean Borella, *L'intelligence et la foi*, 2018.
Jean-Pierre Laurant, *Guénon au combat – Des réseaux en mal d'institutions*, 2019.
Jacques Viret, *Le retour d'Orphée – L'harmonie dans la musique, le cosmos et l'homme*, 2019.
Jean Borella, *Le sens perdu de l'Écriture – Exégèse et herméneutique*, 2019.
Svāmī **Satcidānandendra Sarasvatī**, *Doctrine et méthode de l'Advaita Vedānta*, édité par Gian Giuseppe Filippi et traduit par Alessandra Tamanti, 2020.
Yûnus Emre, *L'Amour de la Poésie – Les poèmes spirituels de Yûnus Emre (1240-1320),* traduction de Paul Ballanfat, 2020.
Paul Ballanfat, *Poésie en ruines – La pensée et la poétique de Yûnus Emre*, 2020.
Frithjof Schuon, *Racines de la condition humaine*, 2020.
Luc-Olivier d'Algange, *L'Âme secrète de l'Europe – Œuvres, mythologies, cités emblématiques*, 2020.

Jean BORELLA, *René Guénon et le guénonisme – Enjeux et questionnements*, 2020.
Michaël RABIER, *Nicolás Gómez Dávila, penseur de l'antimodernité – Vie, œuvre et philosophie*, 2020.
Swami KEDARNATH, *Introduction à la philosophie indienne de la connaissance de l'Absolu selon Śri Mā Ānandamayī*, traduction de Ghislain Chetan, 2021.
Frithjof SCHUON, *Images de l'Esprit – Shinto, Bouddhisme, Yoga*, 2021.
Michel MICHEL, *Le Recours à la Tradition – La modernité : des idées chrétiennes devenues folles*, préface de Fabrice Hadjadj, 2021.
Michel DOUSSE, *La figure d'Abraham dans la Bible et le Coran*, préface de Pierre Lory, 2021.
Frithjof SCHUON, *Sur les traces de la religion pérenne*, 2022.
Ananda K. COOMARASWAMY, *Essais métaphysiques*, choisis et traduits par Max Dardevet, 2022.
Luc-Olivier D'ALGANGE & Philippe BARTHELET, *Terre lucide – Entretiens sur les météores et les signes des temps*, 2022.
Frithjof SCHUON, *Résumé de métaphysique intégrale*, 2022.
Jean BORELLA, *Situation du catholicisme aujourd'hui – Résistance ou dissolution*, 2023
Frithjof SCHUON, *Sentiers de gnose*, 2023.
Grégoire QUEVREUX, *Dieu en procès – Une critique de la* Process Theology *à la lumière des Pères et de la philosophie contemporaine*, 2023.

Structures éditoriales du groupe L'Harmattan

L'Harmattan Italie
Via degli Artisti, 15
10124 Torino
harmattan.italia@gmail.com

L'Harmattan Hongrie
Kossuth l. u. 14-16.
1053 Budapest
harmattan@harmattan.hu

L'Harmattan Sénégal
10 VDN en face Mermoz
BP 45034 Dakar-Fann
senharmattan@gmail.com

L'Harmattan Cameroun
TSINGA/FECAFOOT
BP 11486 Yaoundé
inkoukam@gmail.com

L'Harmattan Burkina Faso
Achille Somé – tengnule@hotmail.fr

L'Harmattan Guinée
Almamya, rue KA 028 OKB Agency
BP 3470 Conakry
harmattanguinee@yahoo.fr

L'Harmattan RDC
185, avenue Nyangwe
Commune de Lingwala – Kinshasa
matangilamusadila@yahoo.fr

L'Harmattan Congo
219, avenue Nelson Mandela
BP 2874 Brazzaville
harmattan.congo@yahoo.fr

L'Harmattan Mali
ACI 2000 - Immeuble Mgr Jean Marie Cisse
Bureau 10
BP 145 Bamako-Mali
mali@harmattan.fr

L'Harmattan Togo
Djidjole – Lomé
Maison Amela
face EPP BATOME
ddamela@aol.com

L'Harmattan Côte d'Ivoire
Résidence Karl – Cité des Arts
Abidjan-Cocody
03 BP 1588 Abidjan
espace_harmattan.ci@hotmail.fr

Nos librairies en France

Librairie internationale
16, rue des Écoles
75005 Paris
librairie.internationale@harmattan.fr
01 40 46 79 11
www.librairieharmattan.com

Librairie des savoirs
21, rue des Écoles
75005 Paris
librairie.sh@harmattan.fr
01 46 34 13 71
www.librairieharmattansh.com

Librairie Le Lucernaire
53, rue Notre-Dame-des-Champs
75006 Paris
librairie@lucernaire.fr
01 42 22 67 13